Tobias Mayer

Muḥammad Yaḥyā al-Walātī und die *Nāzila fī ibāḥat atāy*

ARBEITSMATERIALIEN ZUM ORIENT

herausgegeben von

Jens Peter Laut, Ulrich Rebstock,
Tilman Seidensticker

Band 31

ERGON VERLAG

Tobias Mayer

Muḥammad Yaḥyā al-Walātī und die *Nāzila fī ibāḥat atāy*

ERGON VERLAG

Umschlagabbildung:
Autograph, OMAR (Oriental Manuscript Resource, Orientalisches Seminar der Universität Freiburg), MF Mau 1171, fol. 1a, Zeile 1-8

Bibliografische Information der Deutschen Nationalbibliothek
Die Deutsche Nationalbibliothek verzeichnet diese Publikation in der Deutschen Nationalbibliografie; detaillierte bibliografische Daten sind im Internet über http://dnb.d-nb.de abrufbar.

Gedruckt auf alterungsbeständigem Papier.
Umschlaggestaltung: Jan von Hugo

www.ergon-verlag.de

ISSN 1436-8072
ISBN 978-3-95650-283-5

Vorwort

Unter den nicht wenigen bedauerlichen Folgen des Bologna-Prozesses in der europäischen Universitätslandschaft leidet zunehmend auch das ursprüngliche Publikationskonzept der Reihe „Arbeitsmaterialien zum Orient". Der Wegfall des Magister Artium bedeutet auch das Verschwinden bzw. die Einschrumpfung der ersten akademischen Qualifikationsarbeit, der Magister- oder Diplomarbeit, auf eine Bachelor- oder Masterarbeit, deren beider (streng reglementierte) Volumina sich in der Regel nicht zur monographischen Publikation eignen. Mit dem vorliegenden Band wird nun ein Versuch unternommen, ein maßgebliches Motiv der Reihe insofern fortzuführen, als neben aktuellen orientalistischen Arbeitsmaterialien auch herausragende unpublizierte Qualifikationsarbeiten aus der Vor-Bologna-Ära in das Programm mit aufgenommen und damit aus dem Dunkel der Universitätsarchive gehoben werden sollen.

Den Anfang macht eine an der Universität Tübingen 1995 im Fach Islamwissenschaft eingereichte Magisterarbeit von Tobias Mayer: Muḥammad Yaḥyā al-Walātī und die *Nāzila fī ibāḥat atāy.* (Rechtsgutachten zur Erlaubnis, Tee zu konsumieren). Tobias Mayer ediert, übersetzt und kommentiert hier eine teilweise vom Autor Muḥammad Yaḥyā (1843-1913) selbst geschriebene mauretanische Handschrift zur Erörterung der religionsrechtlichen Aspekte des Genusses von Tee. Die Bedeutung des Textes liegt zunächst in der Rolle, die ihr Autor, unbestritten einer der größten Gelehrten der maurischen Literaturgeschichte, in der vorkolonialen Rechtsgeschichte des Landes spielt, aber auch im Thema selbst, einer Spielart eines der umstrittensten und delikatesten islamischen Rechtsprobleme der neueren mauretanischen, aber auch weiteren islamischen Kulturgeschichte: die islamrechtliche Einstufung des Konsums von „neuen" Nahrungs- und Genußmitteln. Daß dem (grünen) Tee – das vorkoloniale Coca-Cola der Sahara – hier per Analogie eine Mittelstellung zwischen Wasser, Honig und Wein eingeräumt wird, unterstreicht nur die außerordentlichen und durchaus widersprüchlichen Interessen, die diese Rechtsfrage für die mauretanische Gesellschaft wie für die internationale Islamwissenschaft aufwerfen.

Chinesischer grüner Tee – im mauretanischen arabischen Dialakt *tāy* und *shāy* – eroberte in kürzester Zeit, während der zweiten Hälfte des 19. Jahrhunderts, seinen elementaren Platz in der maurischen Lebensweise. Tee avancierte zum ubiquitären und konstitutiven Lebens- und Genußmittel im mauretanischen Alltag, und zwar in einem Ausmaß, der die Regierungen der jüngeren Vergangenheit in ihrem Kampf gegen endlose Teepausen mehrfach – weil ergebnislos – dazu zwang, Dekrete zu erlassen, die (jeglichen) Konsum von Tee in der staatlichen Verwaltung gegen Strafe untersagten. Ganz ähnlich der bis ins 16. Jahrhundert zurückgehenden Streitliteratur im saharischen Islam zum Problem des Tabakrauchens beschäftigt auch der Streit um die islamische Legalität des Teekonsums die mauretanische Gelehrsamkeit seit nun über einem Jahrhundert. Muḥammad Yaḥyā al-Walātīs Rechtsgutachten (*fatwā* oder *nāzila*) steht ganz am Anfang dieser Problemgeschichte und besticht durch seine interdisziplinäre Gründlichkeit und Farbigkeit. Der Autor, in allen maßgeblichen Wissenschaften seiner Kultur als Experte ausgewiesen, steht als Garant für die Qualität seiner Ausführungen.

Umso erstaunlicher mutet es an, daß bisher noch kein Versuch dokumentiert ist, diesen Text zu edieren oder in anderer Form auch einer nichtarabischen Öffentlichkeit zugänglich zu machen. Auch die um seine Person herum, die bestimmende Leitfigur der Gelehrten- und Literaturgeschichte von Walāta (im Südosten des Landes), 2012 erstellte arabische Webseite (http://www.creow.info/) „Zentrum der Walāta-Forschungen und -Publikationen" (*markaz al-buḥūṯ wa l-kurrāsāt al-walātīya*) enthält keine weiteren Hinweise auf Bearbeitungen oder Editionen dieser *Nāzila*.

An dem Originalmanuskript, das hier in seiner eingereichten Form publiziert wird, wurden mit Zustimmung des Autors zwei Veränderungen vorgenommen. Aufgrund der technisch verbesserbaren Scan-Qualität der nur im pdf-Format vorliegenden Kopie wurde vom Ergon Verlag ein neues Digitalisat erstellt. Weiter wurde aufgrund der zwischenzeitlich erfolgten Publikation des vervollständigten Werkverzeichnisses von Muḥammad Yaḥyā al-Walātī in *MLG*[1] und *ALA*[2] der ursprünglich der Bibliographie vorangestellte „Anhang: Werkverzeichnis Muḥammad Yaḥyā" (S. 123-153 der Originalpaginierung) aus der Publikation herausgenommen.

Ulrich Rebstock, Freiburg i.Br.

1 Ulrich Rebstock, *Maurische Literaturgeschichte* (*MLG*), Bd. I, Würzburg: Ergon Verlag 2001, Nr. 1301.

2 *Arabic Literature of Africa* (*ALA*) V: *The Writings of Mauritania and the Western Sahara*, vol. 2, compiled by Charles C. Stewart, Leiden: Brill 2016, S. 1553, no. 83. Hier wird die Herkunft des Textes in irreführender Weise beschrieben: "This is a collection of legal opinions by Muḥammadū (sic) b. Nbālah and his nephew Muḥammad al-Mukhtār b. Aḥmadū, Tichitt jurists, over the legality of tea [as a stimulant]." In *MLG*, Nr. 1301, sind drei Manuskripte des Textes aufgeführt, die jeweils unserem Autor zugeordnet sind. Zudem identifiziert Tobias Mayer auf S. 20 unmißverständlich einen der drei Duktus unserer Handschrift als Handschrift des Autors, der in diesem Gutachten aus seinem letzten Lebensjahrzehnt auf Fragen der beiden o.g. jüngeren Kollegen antwortet.

Inhaltsverzeichnis

Einleitung

Zwischen 1978 und 1985 wurden im Rahmen eines DFG-Projektes in Mauretanien von R. Oßwald und U. Rebstock 2239 Handschriften mit insgesamt ca. 120.000 Folia mikroverfilmt. Dieses Korpus stellt einen repräsentativen Querschnitt der maurischen Literatur dar.[1] Es ist auch insofern einzigartig, als es in seinem Bestand der Forschung zugänglich ist (die Filme lagern jetzt am Orientalischen Seminar der Universität Freiburg). Einen Rohkatalog dieser 2239 Handschriften erstellte U. Rebstock,[2] die ersten 100 Manuskripte daraus sind genauer beschrieben worden.[3] Die Beschreibungen der Nummern 101-300 konnten wegen der Bürgerkriegswirren im Libanon nicht mehr publiziert werden, liegen aber dem Verfasser dieser Arbeit in der handschriftlichen Version (arabisch und deutsch) vor.[4]

Im Frühjahr 1990 ging nun die von der DFG finanzierte Arbeit am maurischen Literaturgut unter der Leitung von U. Rebstock in ihre vorläufig letzte Phase. Auf der Grundlage des beschriebenen Handschriftenkorpus und der vollständigen computergestützten Erfassung aller greifbaren Informationen über Gelehrte des maurischen Kulturkreises, die in irgendeiner Form in die Literatur eingegangen sind, soll eine "Maurische Literaturgeschichte" entstehen, die schon hier mit dem Arbeitskürzel "MLG" zitiert werden soll. Die Bearbeitung maurischer Litera-

1 Vgl. Oßwald, Schichtengesellschaft, 3f.

2 Sammlung arabischer Handschriften aus Mauretanien, Wiesbaden 1989. Alle MS-Angaben in dieser Arbeit beziehen sich auf diesen Katalog.

3 U. Rebstock u.a., Katalog der arabischen Handschriften in Mauretanien, Beirut 1988.

4 Zitiert als [Rebstock u.a.], MSS-Beschr. 101-300; auch das alte Akzessionsbuch, auf das im Werkverzeichnis Muḥammad Yaḥyās (im Anhang) gelegentlich zurückgegriffen wurde, liegt dem Verfasser vor (zitiert als [Rebstock/Oßwald], MSS-Beschr. Akzessionsbuch).

tur, aber auch die Erforschung maurischer Geschichte wird sich an ihr orientieren müssen, denn über die Informationen aus den bisher vorliegenden Handschriftenkatalogen hinaus konnte im Laufe der Jahre auch ein Großteil des primären und sekundären Quellenmaterials eingearbeitet werden. So kann ein umfassender Überblick über das Belegmaterial zu den in Manuskripten oder in der Literatur nachgewiesenen Gelehrten gewonnen werden. Die Dateien der MLG, in der jeder (potentielle) Autor (vielen aufgenommenen Gelehrten oder historischen Persönlichkeiten konnte (noch) kein Werk zugeschrieben werden) eine fortlaufende Nummer zugewiesen bekam, umfassen z.Zt. (Stand Juni 1995) knapp 5000 Einträge maurischer Gelehrter mit ca. 6000 nachgewiesenen Werken, von denen freilich viele mehrfach eingetragen wurden, um vorschnelle Gleichsetzungen unterschiedlicher Schriften zu vermeiden.[5]

Im Verlauf der letzten Jahre ist das Interesse beim Verfasser entstanden, sich mit dem Teetrinken in maurischer Literatur näher zu befassen. Was auf den ersten Blick recht kurios erscheint, wird auf den zweiten Blick umso interessanter, bedenkt man, daß der Tee heute aus der maurischen Gesellschaft nicht mehr wegzudenken ist. Die mehrmals täglich stattfindenden Teezeremonien,[6] die einige Stunden des Tages in Anspruch nehmen können, sind geradezu konstitutiv für einen typisch maurischen Tagesablauf.

Erst um die Mitte des letzten Jahrhunderts wurde der Tee in Mauretanien eingeführt, nach maurischer Tradition zwischen 1275/1858 und 1292/1895.[7] Maurische Reisende

---

[5] Im Werk Muḥammad Yaḥyās finden sich anschauliche Beispiele für diese Problematik: Der *Šarḥ Naẓm Sīdī Aḥmad b. Abī Kiffa*, unter diesem (Arbeits)titel häufig belegt, heißt *Īṣāl as-sālik ilā uṣūl al-Imām Mālik* (vgl. die Werkliste im Anhang dieser Arbeit).

[6] Ausführlich beschrieben bei Creyaufmüller, Völker, 100f.

[7] Leriche, Origine/Mauritanie, 869; vgl. ʿAbdallāh b. Bābakr, *Namūḏaǧ*, 4.

auf Pilgerfahrt hatten ihn allerdings schon viel früher kennengelernt, nachweislich Aḥmad b. Ṭuwair al-Ǧanna[8] (st. 1265/1848-9)[9], dessen *Riḥla* H.T. Norris übersetzt hat.[10] Anfang Januar 1833 in Gibraltar schreibt Aḥmad:[11]

> "Yet despite all that, the Christians - both English and French - gave us all kinds of valuable and excellent things of use for our requirements, sugar loaves, tea, candles and other things as well."

Auch Sīdī Muḥammad b. Ḥabat[12] (st. 1288/1871)[13], der Autor des *Ǧawāhir an-naql*, in dem er sich auch mit Teetrinken beschäftigt (s.u. den Exkurs), hat die Pilgerfahrt durchgeführt (1261/1845)[14] und dabei sicher Tee kennengelernt.

Der Tee kam über Karawanenwege von Norden bzw. Osten nach Mauretanien. Leriche belegt dies in seinen beiden Aufsätzen ausführlich.[15] In Marokko war er seit Anfang des 18. Jahrhunderts bekannt,[16] wurde aber vornehmlich von Privilegierten und Reichen konsumiert; sehr viel später erst ist er dort zum Nationalgetränk geworden. Von Anfang an exportierten die Engländer den Tee nach Nordwestafrika, getrunken wurde und wird dort fast ausschließlich grüner chinesischer Tee.[17] Im Verlaufe des

---

8 MLG Nr. 311.

9 Ibn Ḥāmid, *Ḥayāt*, 93; Naḥwī, *Bilād Šinqīṭ*, 519; s.a. Oßwald, Schichtengesellschaft, 62.

10 The Pilgrimage of Ahmad, Warminster 1977.

11 In der Übersetzung Norris, Pilgrimage, 99.

12 MLG Nr. 859/860.

13 Belege s.u. im Exkurs.

14 Naḥwī, *Bilād Šinqīṭ*, 514.

15 Vgl. im folgenden Leriche, origine/Mauritanie und Leriche, Origine/Maroc, passim; auch Monod, forme und Monod, A propos, passim sowie Creyaufmüller, Nomadenkultur, 639f. Der Tee wurde nicht von Portugiesen über die Atlantikküste in den Senegal importiert; auch die Reisenden des 19. Jahrhunderts, die mit den Mauren in Berührung kamen, erwähnen ihn nicht.

16 Vgl.a. Domenech Lafuente, Islam, 88f.

17 Vgl. Ukers, Tea, 356, 434; ʿAbdallāh b. Bābakr, *Namūḏaǧ*, 4.

19. Jahrhunderts gelangte er auch nach Timbuktu.[18] Lenz erwähnt 1880, daß u.a. feiner grüner chinesischer Tee mit Karawanen von Norden her eingeführt werde.[19]
Nach seiner Einführung in Mauretanien wurde er zunächst noch wenig konsumiert und war vor allem im Süden noch kaum bekannt; erst um 1325/1907 verbreitete er sich rasch.[20] Nach Leriche war er danach Gegenstand zahlreicher Rechtsgutachten.[21] Um 1920 war die Diskussion, wie das Teetrinken im islamischen Recht zu behandeln sei, noch voll im Gange.[22] Dies alles deckt sich auch mit dem Befund der Auswertung aller Belege über Abhandlungen maurischer Gelehrter, die sich mit dem Tee beschäftigen.

EXKURS: In Mauretanien nachweisbare Schriften, die sich mit dem Teetrinken auseinandersetzen

Der früheste Handschriftenbeleg ist das oben schon angesprochene umfangreiche Werk *Ǧawāhir an-naql ʿalā fātiḥ aš-šakl* eines Muḥammad b. Aḥmad b. Muḥammad b. Ḥabat [al-Ġallāwī][23] aus Šinqīṭ, der wohl 1288/1871 starb.[24] Dieser Autor ist in der Tat ein Bewohner des

---

[18] Vgl. Nicolas, A propos, passim.
[19] Lenz, Timbuktu, II, 94.
[20] Leriche, Origine/Mauritanie, 870.
[21] Ibid.; vgl.a. ʿAbdallāh b. Bābakr, *Namūḏaǧ*, 4.
[22] ʿAbdallāh b. Bābakr, *Namūḏaǧ*, 4.
[23] *Maḫṭūṭāt/Āl Ḥabat*, Adab 32 (Nr. 630): Šinqīṭ, Maktabat Ahl Ḥabat, 163 fol.; s. MLG Nr. 859/860. Zum Stamm der Aġlāl (Nisbe Ġallāwī) s. Oßwald, Schichtengesellschaft, 428.
[24] Ibn Ḥāmid, *Ḥayāt*, 72, 74, 206, Naḥwī, *Bilād Šinqīṭ*, 557 und [Maschinenschr. Katalog/mauretan. Biblioth.], 48 (Nr. 2) (Sīdī Muḥammad b. Ḥabat); Naḥwī, *Bilād Šinqīṭ*, 514 (Sīdī Muḥammad b. Sīdī Aḥmad b. al-Imām Aḥmad (Ḥabat)); Aḥmad wuld Muḥammad Yaḥyā (Hrsg.), *Fihrist*, ش،ا, Nr. 437 (Sīd Muḥammad b. Sīd Aḥmad b. Muḥammad b. al-Imām b. Ḥabat). Ein Werk namens *Fatḥ aš-šakl* (hierbei könnte es sich um die gleiche Schrift handeln und eine Verwechslung vorliegen) wird bei Naḥwī, *Bilād* (nach Heymowski), 556 Sīdī Aḥmad b. Ḥabat al-Ġallāwī (MLG Nr. 1072; st. 1374/1954 nach Ibn Ḥāmid, *Ḥayāt*, 75 und Naḥwī, *Bilād Šinqīṭ*, 555) zugeschrieben.

nördlichen Mauretaniens, was unterstreicht, daß sich dort der Teekonsum früher als im Süden etabliert hat. Im oben angesprochenen Zeitraum - um 1910-1 - könnten tatsächlich mehrere Teegutachten entstanden sein: Muḥammad Yaḥyā al-Walātī (st. 1330/1912)[25] verfaßte die in dieser Arbeit ausführlich analysierte Nāzila, die für das Erlaubtsein (*ibāḥa*) von Tee eintritt.[26] Auch aš-Šaiḫ Saʿd Būh b. Muḥammad Fāḍil al-Qalqamī[27] (st. 1335/1916-7)[28] verteidigte das Teetrinken;[29] ebenso aš-Šarīf b. Sīd Aḥmad b. aṣ-Ṣabbār al-Maǧlisī[30] (st. 1340/1921)[31], Aḥmadīn b. Abbah (oder Abhūh) al-Kumlailī[32] (st. 1364/1944-5)[33] und Šaiḫ Mustaʿīn b.

25 MLG Nr. 255; zu ihm s.u. die Biogr.

26 Rebstock, Sammlung, Nr. 1171: an-Niʿma, Bābā b. Muḥammad al-Muḫtār b. Muḥammad Yaḥyā al-Walātī, 30 S.; Stewart u.a., Catalogue, Nr. 3051: Nouakchott, Institut Mauritanien de Recherche Scientifique [IMRS], Nr. 3252, 18 S.

27 MLG Nr. 315; zu den Glāgma (Nisbe: Qalqamī) s. Oßwald, Schichtengesellschaft, 430f.

28 Ibn Ḥāmid, *Ḥayāt*, 94; Naḥwī, *Bilād Šinqīṭ*, 515; [Ould Bah=]Wuld Abbāh, *Šiʿr*, 405f.

29 Stewart u.a., Catalogue, Nr. 1459: Nouakchott, Institut Mauritanien de Recherche Scientifique [IMRS], Nr. 1682, 4 S. An anderer Stelle wird dasselbe Manuskript dem (nach Ibn Ḥāmid, *Ḥayāt*, 35; Naḥwī, *Bilād Šinqīṭ*, 518, 572; Ziriklī, Aʿlām[6], VI, 113) 1354/1935 verstorbenen Muḥammad al-Ḫaḍir b. Māyābā al-Ǧakanī aš-Šinqīṭī (MLG Nr. 350; zu den Taǧakānat s. Oßwald, Schichtengesellschaft, 436f.) zugeschrieben (Rebstock, Sammlung, Nr. 570). Hierbei handelt es sich um einen Mikrofilm, dessen Vorlage schon kaum lesbar war, der Film ist überdies schlecht belichtet, so daß dieser Text nicht ausgewertet werden konnte.

30 MLG Nr. 931.

31 Ibn Ḥāmid, *Ḥayāt*, 44, 70; Naḥwī, *Bilād Šinqīṭ*, 558. Zwei MSS: Stewart u.a., Catalogue, Nr. 1180: Nouakchott, Institut Mauritanien de Recherche Scientifique [IMRS], Nr. 1381, 4 S. und Ibid. Nr. 2660: Ibid. Nr. 2860, 3 S. Zu den Midliš (Nisbe: Maǧlisī) s. Oßwald, Schichtengesellschaft, 435.

32 MLG Nr. 1019/5088.

33 Ibn Ḥāmid, *Ḥayāt*, 51, 57. Stewart u.a., Catalogue, Nr. 2402: Nouakchott, Institut Mauritanien de Recherche Scientifique [IMRS], Nr. 2302 (kop. 1325/1907), 27 S. Zu den Ikumlailan s. de Laiglesia, Estudio, 70.

Ṭalḥa al-Kumlailī[34] (st. 1351/1932)[35].

Ferner schrieben al-Bašīr b. (A)Mbārikī al-Yadmusī aš-Šamšawī[36] (st. 1354/1935)[37] und Abū Bakr b. Aḥmad Bāba at-Tandaġī[38] (st. 1358/1939)[39] Gutachten über das Teetrinken; letzterer mißbilligte es.[40] Auch Zain b. Aǧamd al-Yadālī ad-Daimānī[41] (st. 1359/1940)[42] und Ibrāhīm b. Amānatallāh b. Muḥammad al-Amīn al-Lamtūnī[43] (st. 1380/1960-1)[44] sollen sich mit dem Tee befaßt haben, ersterer verteidigend,[45] letzterer ablehnend.[46] Auch zeitgenössische Autoren haben sich mit diesem Thema befaßt.[47]

---

34 MLG Nr. 1489.

35 Stewart u.a., Catalogue, Nr. 383: Nouakchott, Institut Mauritanien de Recherche Scientifique [IMRS], Nr. 453, 6 S.

36 MLG Nr. 300.

37 Ibn Ḥāmid, *Ḥayāt*, 43, 53, 339; Naḥwī, *Bilād Šinqīṭ*, 508, 550. MS: Stewart u.a., Catalogue, Nr. 950: Nouakchott, Institut Mauritanien de Recherche Scientifique [IMRS], Nr. 1097, 8 S. Zu den Tašumša s. Oßwald, Schichtengesellschaft, 437.

38 MLG Nr. 5060.

39 Naḥwī, *Bilād Šinqīṭ*, 538. MS: Stewart u.a., Catalogue, Nr. 1925: Nouakchott, Institut Mauritanien de Recherche Scientifique [IMRS], Nr. 2145, 38 S. Zu den Tandaġa s. Oßwald, Schichtengesellschaft, 437.

40 Nach Naḥwī, *Bilād* (nach Heymowski), 538 verfaßte er eine *Risāla fī ḏamm aš-šāy*.

41 MLG Nr. 229.

42 Ibn Ḥāmid, *Ḥayāt*, 42, 54; Naḥwī, *Bilād Šinqīṭ*, 553. Zu den Yadālīyūn s. Oßwald, Schichtengesellschaft, 438, zu den Aulād Daimān Ibid. 430.

43 MLG Nr. 340.

44 Ibn Ḥāmid, *Ḥayāt*, 17; Naḥwī, *Bilād Šinqīṭ*, 502, 536. Die Lamtūna sind eine Untergruppe der Ṣanhāǧa-Berber (vgl. [Ibn Ḥāmid=]ould Hamidoun, Précis, 41; Oßwald, Handelsstädte, 25f.).

45 Naḥwī, *Bilād* (nach Heymowski), 554.

46 Ibid. 536; dazu wohl ein MS: [Maschinenschr. Katalog/mauretan. Biblioth.], 43, Nr. 54: Nouakchott, Maktabat Baddāh b. al-Būṣīrī; vgl. MLG Nr. 1429.

47 Muḥammad ʿAbdallāh Muḥammad al-Amīn Liʿbuddah al-Maǧlisī (MLG Nr. 363) schrieb *ad-Durr al-lāmiʿ fī taḥlīl atāy* (Stewart u.a., Catalogue, Nr. 265: Nouakchott, Institut Mauritanien de Recherche Scientifique [IMRS], Nr. 324, 16 S.) und eine Maqāma über Tee (Ibid. Nr. 267: Ibid. Nr. 334, 2 S.). Aḥmad al-Afram b. Muḥammad al-Muḫtār (MLG Nr. 2191) soll sich gegen den Tee gewandt haben (Naḥwī, *Bilād* (nach

Noch in jüngster Vergangenheit hat dieses Thema die Gelehrten beschäftigt: 1978/9 wurden Vorlesungen darüber am Dār al-muʿallimīn al-ʿulyā in Nouakchott gehalten. Muḥammad Maḥmūd b. Sīdī l-Muḫtār hatte in diesem Rahmen ein Referat gehalten und seine Abschlußarbeit über dieses Thema verfaßt.[48]

Es erschien lohnenswert, sich einmal mit einem dieser Rechtsgutachten näher zu befassen. Wie deutlich früher beim Tabak, so handelt es sich auch beim Tee um ein neu eingeführtes "Nahrungsmittel", welches später zu einem fundamentalen Bestandteil der maurischen Kultur geworden ist. Sowohl Tabak als auch Tee verloren durch die Beschäftigung der maurischen Rechtsliteratur mit ihnen den Nimbus des reinen "Genußmittels", und ihr bereits real gewordener Konsum konnte in Anwendung des islamischen Rechts legitimiert werden. So oder in ähnlicher Weise behandeln alle islamischen Gesellschaften neue Konsumgüter vergleichbarer Art, und eine rege Rechtsgutachtentä-

Heymowski), 539), ebenso Aḥmad Ḥāmad b. Sīd Aḥmad (MLG Nr. 5080) und Muḥammad b. Muḥammad al-Buḫārī al-Yaʿqūbī (MLG Nr. 2044; MS: Stewart u.a., Catalogue, Nr. 870: Nouakchott, Institut Mauritanien de Recherche Scientifique [IMRS], Nr. 992, 8 S.; zu den Banū Yaʿqūb s. Oßwald, Schichtengesellschaft, 438). Zu den beiden letztgenannten sind keine Lebensdaten bekannt. Der Autor des *Ḥayāt Mūrītāniyā*, al-Muḫtār b. Ḥāmid (MLG Nr. 438; st. nach Sīd Aḥmad b. Aḥmad Sālim, *Taṣḥīḥāt*, 15 im vergangenen Jahr (1994) über 90jährig), verfaßte eine *Maqāma(t ḏāt ad-duḫān wat-tāy)*, die ʿAbdallāh b. Bābakr, *Namūḏaǧ*, 11-57 (mit Indices) ediert hat; diese wurde um 1920 verfaßt (ʿAbdallāh b. Bābakr, *Namūḏaǧ*, 4; eine Studie zu dieser *Maqāma* schrieb Muḥammad Maḥmūd b. Sīd al-Muḫtār: *Muwāzana baina l-Maqāma at-tabrīzīya lil-Ḥarīrī wa-baina Maqāmat al-Muḫtār b. Ḥāmidun* (sic) *fī t-tibġ waš-šāy*. In: *Ḥaulīyāt (al-Madrasa al-ʿulyā lit-taʿlīm)*/Annales (École Normale Supérieure) - Nouakchott, Nr. 2 (1994), S.27-35 d. arab. Teils. Vier anonyme Manuskripte über Tee sind: Stewart u.a., Catalogue, Nrr. 375, 1759, 2698, 2721: Nouakchott, Institut Mauritanien de Recherche Scientifique [IMRS], Nrr. 445 (18 S.), 1983 (6 S.), 2902 (2 S.), 2925 (4 S.).

48 ʿAbdallāh b. Bābakr, *Namūḏaǧ*, 3.

tigkeit wird durch sie ausgelöst; Lebendigkeit und Flexibilität des islamischen Rechtswesens kommen hierin zum Ausdruck.

Die einzige Handschrift, die einer Auswertung zur Verfügung stand, ist die *Nāzila fī ibāḥat atāy* des Muḥammad Yaḥyā al-Walātī. Die Ergebnisse sollen hier vorgelegt werden.

Muḥammad Yaḥyā war einer der großen Gelehrten des ausgehenden 19. und beginnenden 20. Jahrhunderts und starb 1330/1912, an der Schwelle zur Kolonialzeit. "Sein Wirken fällt ... noch gänzlich in die Epoche der traditionellen maurischen Gesellschaft."[49] Einige seiner Schriften wurden schon früh in Marokko gedruckt.[50] Seine Biographie ist exemplarisch: Als Rechtsgelehrter hochgeachtet, erlangte er auf seiner siebenjährigen Pilgerfahrt, während der er u.a. Tunis, Alexandria und Kairo besuchte, eine gewisse Berühmtheit, so daß er sogar in "moderne" biographische Lexika (Ziriklī, Kaḥḥāla) aufgenommen wurde. In seiner Heimat ist er nicht zuletzt durch seine große Zahl von Schriften, vor allem durch seine rege Gutachtenproduktion, ein Aushängeschild des maurischen Gelehrtentums geworden.

Die *Nāzila fī ibāḥat atāy* kann als typisch für das maurische Gutachtenwesen gelten. Daher soll sie hier in Edition vorgelegt werden, der Leser kann so die Übersetzung verifizieren. Die meisten Wissenschaftler, die sich mit islamischem Recht befassen, scheuen die Mühe, Gutachten exakt zu übersetzen. In der erzwungenen Detailgenauigkeit einer Übersetzung liegt aber ein großer Vorteil: Der Übersetzer muß sich über jede Spitzfindigkeit des Argumentationsganges im Gutachten genau Rechenschaft ablegen, was dem Wesen des islamischen Rechts voll Rechnung trägt.

Islamische Rechtsgutachten sind keine leichte Lektüre. Ein oft sehr umständliches Arabisch, das geprägt ist

---

49 Oßwald, Schichtengesellschaft, 261, Anm. 60.
50 Vgl. die Werkliste im Anhang.

durch die Redundanz von Präpositionen und (rückweisenden) Pronomen, und die sehr spezielle Fiqh-Terminologie erschweren die Lektüre. Eine bloße Übersetzung kann oft keine vollständige Klarheit schaffen, ein ausführlicher Kommentar soll diese Lücke schließen.

In diesem Kommentar wird auf diejenigen Autoritäten, die Muḥammad Yaḥyā zur Rechtsfindung heranzieht, einzugehen sein; eine überaus breite Quellenkenntnis des Autors ist zu erwarten. Bei besonders erklärungsbedürftigen Passagen wird in Exkursen der thematische Hintergrund dargestellt.

Vor Edition, Übersetzung und Kommentar soll eine Biographie Muḥammad Yaḥyās gegeben werden. Sie und vor allem auch das Werkverzeichnis, das den Anhang bildet, dokumentieren die diffizile Quellenlage für die Erforschung maurischer Geschichte und Literatur. Daher wurde bei den Belegen auf Vollständigkeit besonderen Wert gelegt.

Ein Großteil des Quellenmaterials, auf das sich diese Arbeit stützt, ist unveröffentlicht (Handschriftenkataloge, Aufsätze zeitgenössischer maurischer Wissenschaftler). Auch viele andere Publikationen zu dieser Randregion des islamisch-arabischen Kulturraumes sind nur mit großem Zeitaufwand zu bekommen und teilweise in europäischen Bibliotheken nicht vorhanden. Immer wieder muß man dort auf Handschriften zurückgreifen, wo die in spärlicher Zahl edierten Texte sowie die wenige Sekundärliteratur keine weitere Auskunft geben.

Die Grundlage für das Studium maurischer Literatur bilden vier Werke: 1. *Fatḥ aš-šakūr fī maʿrifat aʿyān ʿulamāʾ at-Takrūr* des 1209/1805 verstorbenen Muḥammad b. Abī Bakr aṣ-Ṣiddīq al-Burtulī aus Walāta;[51] 2. *K. al-Wasīṭ fī tarāǧim udabāʾ Šinqīṭ* des Aḥmad b. al-Amīn aš-

[51] MLG Nr. 174; Burtulī, *Fatḥ aš-šakūr*, 17-23; Ibn Ḥāmid, *Ḥayāt*, 8, 218; Naḥwī, *Bilād Šinqīṭ*, 508; Oßwald, Handelsstädte, 504 (Nr. 174). Zum *Fatḥ aš-šakūr* vgl. Oßwald, Handelsstädte, 280f. und ders., Schichtengesellschaft, 9.

Šinqīṭī[52] (st. 1331/1913)[53]; 3. *Ḥayāt Mūrītāniyā* des 1994 verstorbenen Gelehrten und "Fußnotenkönigs" der Sekundärliteratur[54] al-Muḫtār b. Ḥāmid[55] sowie 4. *Bilād Šinqīṭ* von al-Ḫalīl an-Naḥwī - letzteres ist ein umfassendes Sekundärwerk über Mauretanien (Geschichte, Literatur, Bruderschaften, Biographien maurischer Gelehrter etc.).[56]

Diese vier Werke sollen - sofern sie Informationen zu den betreffenden Autoren enthalten - immer parallel zitiert werden.

Die europäischsprachige Sekundärliteratur (in der Kolonialzeit vor allem P. Marty und A. Leriche, später H.T. Norris, C.C. Stewart und viele andere mehr) krankte bisher an der Unzugänglichkeit des Materials. Man gelangte auf irgendeinem Weg an ein Manuskript und schrieb eine umfassende Studie. Erst R. Oßwald hat in seinen Büchern "Die Handelsstädte der Westsahara"[57] und "Schichtengesellschaft und islamisches Recht"[58] in großem Stil Handschriften herangezogen und damit neue Maßstäbe gesetzt.

Abschließend sei noch auf einige allgemeine schriftsprachliche Besonderheiten des mauretanischen Arabisch hingewiesen:[59]

---

52 MLG Nr. 503.

53 Aḥmad b. al-Amīn, *Wasīṭ*, 7f.; Naḥwī, *Bilād Šinqīṭ*, 498.

54 Vgl. Oßwald, Handelsstädte, 239.

55 Zu ihm s.o.S.7, Anm. 47.

56 Naḥwī stützt sich auf die vorangegangenen drei Werke, liefert aber auch viele weiterführende Informationen, so z.B. auszugsweise (S.535-615) die Liste maurischer Werke nach dem unveröffentlichten Katalog von Adam Heymowski (in Zusammenarbeit mit al-Muḫtār b. Ḥāmid): Catalogue provisoire des manuscrits mauritaniens en langue arabe préservés en Mauritanie. Nouakchott/Stockholm 1965-1966 (zitiert als Naḥwī, *Bilād* (nach Heymowski)); vgl. Rebstock u.a., Katalog, 1.

57 Berlin 1986.

58 Wiesbaden 1993.

59 Vgl.a. Rebstock u.a., Katalog, 4f.

- Doppelkonsonanzen am Wortanfang werden in der Schrift durch ein vorangestelltes Alif aufgelöst. Beispiele: Nouakchott heißt arabisch: انواكشوط; Mbārikī: امباركى (fakultativ in Transkription: (A)Mbārikī). Nicht immer ist die Funktion des Alifs eindeutig: امحمد (Mḥam-mad/(A)Mḥammad) als Verballhornung des Namens Muḥammad kann auch mit wirklichem Hamza vorkommen (Amḥammad; im arabischen Schriftbild identisch).
- Insgesamt sind Derivate "klassischer" Namen sehr häufig: محمذ/Muḥammadḏ, محمدّ/Muḥammaddu, محمذن/Muḥamma-ḏin, محمّ/Maḥamm etc. für محمد/Muḥammad; اعل/Aʿli für ʿAlī; ببكر/Babakr für Abū Bakr und viele andere mehr.
- Bei Eigennamen finden sich oft explizit Vokalisationen, insbesondere bei Namen, die aus afrikanischen Sprachen stammen. Beispiele: Idyaiǧa al-Kumlailī in Aḥmad b. al-Amīn, *Wasīṭ*, 368: اِذْيَيْجَ الكمليلي[60]; Tinbuktu: تنبكتْ (aber auch: تنبكتو); Bāba bzw. Bāb(a): بابَ usw.
- Die Assimilation nb/mb ist unterschiedlich wiedergegeben: Tinbuktu: تنبكت wie Timbuktu: تمبكت; Mbāla: امبال oder انبال usw.

60 Man sollte in diesem Fall vielleicht Idyaiǧ(a) transkribieren, da sonst ein *tā' marbūṭa* suggeriert wird.

Muḥammad Yaḥyās Leben

a) Die Zeit vor der Riḥla

Muḥammad Yaḥyā b. Muḥammad al-Muḫtār b. aṭ-Ṭālib ʿAbdallāh an-Naffāʿ b. Aḥmad Ḥāǧǧ al-Walātī wurde 1256/1840[1] oder 1259/1843[2] in Walāta[3] geboren. Sein Großvater ʿAbdallāh an-Naffāʿ besaß den Beinamen "Abbu"[4] oder Bū, so daß sich hin und wieder die Namensformen "Muḥammad Yaḥyā (b. Muḥammad al-Muḫtār) b. Bū[5] oder "... b. Ahl Bū"[6] finden. Seine Genealogie soll bis ʿAbdallāh b. Ǧaʿfar b. Abī Ṭālib zurückgehen, die Vorfahren seien größtenteils Gelehrte gewesen.[7]

Muḥammad Yaḥyā war Angehöriger des Stammes der Aulād Dāwūd, einer Untergruppe der Banū Ḥassān.[8] Gleichzeitig trägt er die Nisbe "al-ʿAllūšī",[9] was auf eine Zugehörigkeit auch zu den Aulād ʿAllūš[10] schließen läßt.

Muḥammad Yaḥyā gehörte der Tiǧānīya an,[11] weshalb er während seiner Pilgerreise in Marokko und vor allem auch in Tunis in den Zāwiyas der Bruderschaft absteigen konnte.

Seine wichtigsten Lehrer waren:[12] Maḥmūd Maulā al-Maḥǧū-

1 So Marty, Études/III, 341; Marwān b. al-Muḫtār, *Tarǧama*, 1.
2 So Naḥwī, *Bilād Šinqīṭ*, 529; Muḥammad ʿAbdallāh b. Muḥammad al-Muḫtār, *Yutarǧim*, 7; Marwān b. Sīd Muḥammad, *Muʾallafāt*, 41.
3 Marwān b. Sīd Muḥammad, *Muʾallafāt*, 41.
4 Marwān b. al-Muḫtār, *Tarǧama*, 1; Marwān b. Sīd Muḥammad, *Muʾallafāt*, 41.
5 So Marty, Chroniques, 395; Marty, Études/III, 341.
6 Ould Bah, Littérature, Graf. zw. S.42 u. 43 sowie 218.
7 Marwān b. al-Muḫtār, *Tarǧama*, 1.
8 Ibn Ḥāmid, *Ḥayāt*, 222; Marty, Études/III, 340f.; Oßwald, Schichtengesellschaft, 261; zu den Banū Ḥassān s. ibid. 427.
9 Auch bei Sūsī, *Maʿsūl*, VIII, 281.
10 Zu ihnen s. Oßwald, Schichtengesellschaft, 428.
11 Muḥammad Yaḥyā, *Riḥla*, 8.
12 Nach Marwān b. al-Muḫtār, *Tarǧama*, 1f.

bī, al-Imām b. Ḥamm Asri (st. 1261/1845)[13], ein Gelehrter namens Babakr b. Aḥmad Maʿlūm ad-Dāwūdī und ein gewisser al-Bardāwī. Auch bei Sīdī aš-Šarīf von den Šurafā' Tīšīt (st. 1288/1871)[14] soll er gelernt haben.[15]
Noch bevor er 30 Jahre alt war, verfaßte er schon einen Kommentar zu Suyūṭīs *ʿUqūd al-ǧumān*.[16]
Seinen Lebensunterhalt bestritt er vor allem durch Handel; Reisen führten ihn nach Ndar (St. Louis)[17] und Šinqīṭ. Auf seinen Reisen lehrte er stets und betätigte sich regelmäßig als Richter, wodurch er sich ein zusätzliches Einkommen verschaffte.[18]
Um 1290/Anfang der 1870er Jahre trat Muḥammad Yaḥyā als politischer Gesandter in Erscheinung: Kurz nach dem Sieg des großen Tukolor-Führers Aḥmad al-Kabīr (st. 1315/1897)[19] in Gemukura 1289/1872 reiste er zusammen mit einem gewissen Ubba (اب) b. Muḥammad b. Ubba mit einem Brief der Gemeinschaft von Walāta (*ǧamāʿat ahl Walāta*)[20] nach Nioro des Inhalts, daß sie sich Aḥmad al-Kabīr unterwerfen und ihrem Wunsch, daß er seinen Einflußbereich auf die südliche Sahararegion ausdehnen möge, um die Handelsrouten in diesem Bereich zu sichern.[21]
Muḥammad Yaḥyā scheint einige Zeit in Nioro verbracht zu haben. In einem Streit zwischen Aḥmad al-Kabīr und einem Vertrauten seines Bruders und Gegenspielers Muntaqā um

---

13 MLG Nr. 1029; Ibn Ḥāmid, *Ḥayāt*, 56, 213; Naḥwī, *Bilād Šinqīṭ*, 546.
14 MLG Nr. 1132; Ibn Ḥāmid, *Ḥayāt*, 202.
15 Marty, Études/III, 342.
16 Sūsī, *Maʿsūl*, VIII, 281; vgl. die Werkliste im Anhang.
17 Der Name "Ndar" ist die Bezeichnung der Wolof für St. Louis; vgl. Hanson/Robinson, Jihad, 267.
18 Sūsī, *Maʿsūl*, VIII, 281.
19 Zu ihm Hanson/Robinson, Jihad, passim; er war der Sohn des Ǧihād-Führers ʿUmar b. Saʿīd al-Fūtī.
20 Zur Funktion der *ǧamāʿa* in der maurischen Gesellschaft s. Oßwald, Schichtengesellschaft, 261f.
21 Vgl. Hanson/Robinson, Jihad, 153-156 zu Dok.11A, 344-345 (Faks. nach: Paris, Bibl. Nat., MO, FA 5693, fol.14a-b).

1290/1873 wurde er aufgefordert, zusammen mit anderen anwesenden Marabouts juristischen Rat zu geben.[22]

b) Die Riḥla

In Muḥammad Yaḥyās Vita ist die Zeit seiner Pilgerreise am besten dokumentiert. Die *Riḥla* ist zweifelsohne seine bekannteste Schrift und liegt seit 1990 in einer Beiruter Edition vor.

Alle biographischen Einträge in den zitierten Lexika rekurrieren auf diesen Lebensabschnitt Muḥammad Yaḥyās. Dabei ist für die meisten sein Aufenthalt in Tunis 1314/1896-7 erwähnenswert,[23] für die Biographen des Maġrib auch sein Aufenthalt in Fes[24] und seine Beziehungen zu dem Gelehrten Muḥammad b. al-ʿArabī al-Adūzī.[25]

Am 7. Raǧab 1311/14. Jan. 1894 zog Muḥammad Yaḥyā in Begleitung seiner Söhne Muḥammad al-Ḥasan und Aḥmad von

---

22 Vgl. Hanson/Robinson, Jihad, 219-229 zu Dok.17, 381-387 (nach: M.G.Adam: Légendes historiques du pays de Nioro (Sahel). Paris 1904 (gleichzeitig in: Revue coloniale 3-4 (1903-4), 112-118).

23 Maḫlūf, *Šaǧara*, 435 (Nr. 1713); Ziriklī, Aʿlām⁶, VII, 142f.; Kaḥḥāla, *Muʿǧam*, XII, 108; Sīd Aḥmad b. Aḥmad Sālim, *ʿAllāqāt*, 3.

24 Sīd Aḥmad b. Aḥmad Sālim, *ʿAllāqāt*, 10; nach Maḫlūf, *Šaǧara*, 435 (Nr. 1713) gab einer seiner Schüler in Fes, Abū l-ʿAbbās b. al-Maʾmūn al-Ḥasanī, eine Biographie von ihm.

25 Sūsī, *Maʿsūl*, VIII, 282; Sīd Aḥmad b. Aḥmad Sālim, *ʿAllāqāt*, 11. Al-Adūzī st. 1323/1905 (Sūsī, *Maʿsūl*, V, 149-210; Ziriklī, Aʿlām⁶, VI, 266). Zwei weitere Lexikoneinträge konnten nicht herangezogen werden: a) nach Ziriklī, Aʿlām⁶, VII, 143 u. VIII, 280 bzw. ʿAbdalʿazīz, *Mausūʿa*, I, ه: ʿAbbās (b. M. b. M.) b. Ibrāhīm al-Marrākušī: *al-Iʿlām bi-man ḥalla Marrākuš wa-Aġmāt min al-aʿlām*. Bde. 1-5: Fes 1355/1936-1357/1938; 3 weitere MS-Bde. in Rabat, al-Ḫizāna al-ʿāmma (nach Ziriklī 6 MS-Bde.); ein Bd. 10: Ed. ʿAbdalwahhāb b. Manṣūr, Rabat 1403/1983. Darin in Bd. VI (wohl der erste der unedierten MS-Bde.) auf S.263 ein Eintrag über Muḥammad Yaḥyā; b) nach Ziriklī, Aʿlām⁶, VIII, 281: Zakī (b.) Muḥammad Muǧāhid: *al-Aʿlām aš-šarqīya fī l-miʾa r-rābiʿa ʿašara l-hiǧrīya*. 3 Bde., Kairo 1368/1949-1374/1954-5. Dort Bd. II, 179.

Walāta los[26] und gelangte über Aġrīğīt[27] nach Tīšīt, wo er sich acht Monate lang aufhielt.[28] Im Ğumādā II 1312/Dez. 1894 zog er weiter.[29] Nach mehrmonatigen Aufenthalten in Šinqīṭ,[30] im Wādī Nūn[31] und (A)Glīmīm[32] gelangte er über Takānt nach Tazrawālt;[33] dort traf er mit al-Adūzī zusammen. Ende Rabīʿ II 1313/Sept. 1895 ging es weiter nach aṣ-Ṣawīra, dann mit dem Dampfer über Asfī und Casablanca nach Rabat, wo er in der Tiğānīya-Zāwiya abstieg und mit verschiedenen Gelehrten zusammenkam.[34]

Der Großwesir und wenig später auch der Sultan ʿAbdalʿazīz selbst empfingen ihn.[35] Nach einem Besuch in Marrakesch heiratete Muḥammad Yaḥyā in Rabat im Rağab 1313/Nov.-Dez. 1895 Ḫadīğa bt. Idrīs b. Barqūq al-Ḥasanī al-Idrīsī und wurde für einige Monate - bis zu seiner Abreise - zusammen mit seinen Söhnen bei ihr aufgenommen.[36] Sie schenkte ihm einen Sohn und eine Tochter.[37] Zu seinen Schülern in Rabat zählten ʿAbdallāh at-Tādalāwī und Muḥammad Ab al-Amīn.[38]

Ende Šawwāl 1313/März 1896 bestieg er ein Dampfschiff, das ihn über Tanger, Algier, Tunis, Port Said und Suez nach Ğidda brachte.[39] Ende Ḏū l-Qaʿda 1313/April 1896 war er schon in Mekka, wo er dann im darauffolgenden Monat die Pilgerfahrt durchführte.[40]

Mitte Ḏū l-Ḥiğğa 1313/Anfang Mai 1896 reiste er wieder

26 Muḥammad Yaḥyā, *Riḥla*, 17.
27 Ibid. 18.
28 Ibid. 26.
29 Ibid. 77.
30 Ibid.
31 Ibid. 86.
32 Ibid. 87.
33 Ibid. 103f.
34 Ibid. 156.
35 Ibid. 157.
36 Ibid.
37 Sūsī, *Maʿsūl*, VIII, 283.
38 Muḥammad Yaḥyā, *Riḥla*, 157.
39 Ibid. 167.
40 Ibid. 168.

ab nach Ǧidda.[41] Von dort unternahm er eine Exkursion, die ihn über Yanbuʿ[42] nach Medina - mit Ausflügen nach al-Baqīr und Uḥud - führte.[43]
Im Ǧumādā I 1314/Okt. 1896 nahm er den Dampfer von Ǧidda nach Suez; von dort fuhr er mit dem Zug über Banhā nach Alexandria.[44] Hier kam Muḥammad Yaḥyā mit vielen Gelehrten zusammen, die ihm zahlreiche Bücher schenkten,[45] es fand ein reger Austausch juristischer Meinungen statt.
Nach einem Besuch in Kairo[46] fuhr er am 7. Raǧab 1314/2. Dez. 1896 mit dem Schiff über Malta nach Tunis, wo er drei Monate blieb.[47] Auch hier traf er viele Geistesgrößen, von denen er Bücher geschenkt bekam.[48]
Nach einem kurzen Abstecher nach Malta mit dem Ziel, von dort eine Passage nach Marokko zu bekommen, die dann aber nicht möglich war,[49] nahm Muḥammad Yaḥyā am 11. Ḏū l-Qaʿda 1314/13. Apr. 1897 in Tunis den Dampfer über Marseille, Tanger und Casablanca nach Rabat, wo er für einen Monat bei seiner Ehefrau weilte, die er dort 1313/1895 geheiratet hatte.[50] Hier ist anscheinend auch sein Sohn Aḥmad gestorben.[51]
Von Rabat nahm er denselben Weg zurück, welchen er auch auf der Hinreise gewählt hatte: Über Marrakesch[52], aṣ-Ṣawīra[53] und Tazrawālt nach (A)Glīmīm (Rabīʿ II 1315/Juli 1897).[54]
Ein Jahr und zwei Monate (bis zum Ǧumādā II 1316/Okt. 1898) verweilte er hier; wenig später in Tindūf machte er nochmals für ein Jahr und einen Monat (bis zum Anfang

41 Ibid. 174.
42 Ibid. 185.
43 Ibid. 186.
44 Ibid. 214.
45 Ibid. 214ff.
46 Ibid. 269.
47 Ibid. 273.
48 Ibid. 274ff.
49 Ibid. 283.
50 Ibid. 315.
51 Marty, Études/III, 341, 342.
52 Muḥammad Yaḥyā, *Riḥla*, 350ff.
53 Ibid. 387.
54 Ibid. 388.

Šaʿbān 1317/Ende Nov. 1899) Station, bis er schließlich am 6. Šawwāl 1317/7. Jan. 1900 in Arawān ankam.[55]
Die Reisebeschreibung bricht an dieser Stelle recht abrupt ab. Muḥammad Ḥağğī vermutet im Vorwort seiner Edition, daß es noch einen zweiten Teil dieser *Riḥla* geben könnte:[56] Die Handschrift, welche die Grundlage seiner Edition darstellt, endet mit den Worten "Dies ist das Ende des ersten Teils ...".[57] Dieses Manuskript ist auch als MS 1183 mikrofilmiert worden. Daneben sind noch weitere Exemplare der *Riḥla* verfilmt worden.[58] Alle diese Manuskripte, z.T. in der Handschrift des Autors selbst, tragen am Ende den gleichen Vermerk und gehen im Textbestand nicht über den der Edition hinaus, so daß man annehmen kann, daß ein zweiter Teil niemals geschrieben wurde; er wäre inzwischen, da viele Tausend maurische Manuskripte katalogisiert sind, sicher aufgetaucht.
Muḥammad Ḥağğī stützt seine Annahme noch auf einen zweiten Aspekt:[59] Die Handschrift des ʿAbdassalām b. Sauda,[60] die er auch zur Edition herangezogen hat, enthält im Unterschied zur oben erwähnten Handschrift zusätzlich zahlreiche Rechtsgutachten, die Muḥammad Yaḥyā in Tindūf verfaßt hat - anscheinend auf seinem Rückweg nach Walāta -, als er dort für über ein Jahr weilte und bei Aḥmad D-k-nā abgestiegen war.[61]
Keinen Hinweis gibt es darauf, ob Muḥammad Yaḥyā auf seinem Rückweg von Arawān nach Walāta über Timbuktu gereist ist oder überhaupt jemals diese Stadt besucht hat. Dort lagern jedoch zahlreiche Manuskripte seiner Werke.[62]

---

55 Ibid. 403.
56 Ibid. 12.
57 Ibid. 404.
58 Vgl. die Werkliste im Anhang.
59 Muḥammad Yaḥyā, *Riḥla*, 11f.
60 Vgl. die Werkliste im Anhang.
61 Sūsī, *Maʿsūl*, VIII, 284; ʿAbdalʿazīz, *Mausūʿa*, 188; nach Muḥammad Yaḥyā, *Riḥla*, 403 Aḥmad Yakan b. Muḥammad al-Muḫtār (b. Bilaʿmaš), der auch bei Ibn Ḥāmid, *Ḥayāt*, 248 erwähnt ist.
62 Vgl. die Werkliste im Anhang.

Am 25. Ḏū l-Qaʿda 1317/27. März 1900 kam Muḥammad Yaḥyā in Walāta an.[63]

c) Die Zeit nach der Riḥla

Über die Zeit zwischen Muḥammad Yaḥyās Rückkehr und seinem Tod ist sehr wenig bekannt. 1319/1901-2 wird er in seiner Funktion als Qāḍī erwähnt.[64] In seinem letzten Lebensabschnitt scheint er ein klassisches Gelehrtendasein geführt zu haben.[65] Geradezu topisch wird sein Tagesablauf geschildert als Wechselspiel von Beten, Lehren, Studieren, Schreiben und Richten.[66]

Muḥammad Yaḥyā starb am 10. Šaʿbān 1330/25. Juli 1912.[67]

Er hatte mehrere Söhne, die als Händler in der ganzen Sahelregion bekannt waren.[68] Der bekannteste unter ihnen ist wohl Muḥammad al-Muḫtār[69] (geb. 1292/1875[70]; gest. 1352/1933-4[71]) der als Qāḍī, Gelehrter und Dichter in die Literatur einging.[72]

Außer den schon genannten hatte Muḥammad Yaḥyā zahlrei-

---

63 Marty, Chroniques, 395, 546; vgl.a. Marwān b. Sīd Muḥammad, [*Aḫdāṯ*], 20.

64 Marty, Chroniques, 396.

65 Vgl. Sūsī, *Maʿsūl*, VIII, 284.

66 Marwān b. al-Muḫtār, *Tarǧama*, 2f.; Sūsī, *Maʿsūl*, VIII, 286.

67 So Marty, Chroniques, 555. Auf das Jahr 1330/1912 einigt sich die große Mehrheit der Biographen, so daß alle Angaben, die von dieser Jahreszahl differieren, nicht aufgeführt werden: Maḫlūf, *Šaǧara*, 435 (Nr. 1713); Marwān b. Sīd Muḥammad, [*Aḫdāṯ*], 22: Šaʿbān 1330/; Sūsī, *Maʿsūl*, VIII, 285: Ramaḍān 1330/; Marty, Études/III, 341: /1912; Ibn Ḥāmid, *Ḥayāt*, 25, 26, 44, 48, 50, 65, 66, 69, 70, 96, 222; Ould Bah, Littérature, 124 d. arab. Teils; Naḥwī, *Bilād Šinqīṭ*, 604; Ziriklī, Aʿlām[6], VII, 142; Oßwald, Schichtengesellschaft, 261; Marwān b. al-Muḫtār, *Tarǧama*, 1; Muḥammad ʿAbdallāh b. Muḥammad al-Muḫtār, *Yutarǧim*, 7; Marwān b. Sīd Muḥammad, *Muʾallafāt*, 41; Marwān b. Sīd Muḥammad, *Tārīḫ*, 24: 1330/.

68 Marty, Études/III, 342.

69 MLG Nr. 258.

70 Marty, Études/III, 342.

71 Ibn Ḥāmid, *Ḥayāt*, 42, 222; Naḥwī, *Bilād Šinqīṭ*, 599.

72 Sūsī, *Maʿsūl*, VIII, 284; ʿAbdalʿazīz, *Mausūʿa*, 188.

che Schüler,[73] die aber zum größten Teil keine bekannteren Gelehrten waren.[74]

73 Marwān b. al-Muḫtār, *Tarǧama*, 2 gibt ein Liste von ihnen.
74 Vgl. die MLG.

Bemerkungen zu Manuskript und Edition

Die *Nāzila fī ibāḥat atāy* besitzt die Nummer 1171 im schon mehrfach erwähnten Korpus arabischer Handschriften aus Mauretanien, der von U. Rebstock katalogisiert wurde. Das Manuskript wurde in an-Niʿma, ca. 70 km südlich von Walāta, der Heimatstadt Muḥammad Yaḥyās, bei der Familie eines Enkels des Autors namens Bābā b. Muḥammad al-Muḫtār b. Muḥammad Yaḥyā al-Walātī aufgenommen. Sie umfaßt 15 Folia (30 S.) mit durchschnittlich 19-20 Zeilen (fol. 4b, 11b, 12b: 18 Z.; 6b, 9b: 21 Z.; 7b: 12 Z.; 11a: 17 Z.; 15b: 10 Z.). Die Handschrift ist in einem mittelmäßigen Zustand, hin und wieder ist die obere Zeile sowie der rechte bzw. linke Rand zerstört. Genauere Angaben zu Zustand, Material etc. können nicht gemacht werden, da nur ein Negativfilm vorlag.

Das Manuskript ist in drei verschiedenen Duktus des maghrebinischen Schrifttyps geschrieben: Duktus I (fol. 1a-3b, 5a-b, 8a-b, 10a-b, 12a-b, 14a-15b) ist voluminös und gut lesbar, wirkt bisweilen etwas unbeholfen, er ähnelt schwarzafrikanischen/senegalesischen Schrifttypen; Duktus II (fol. 4a(Z.1-12), 6a-7b, 9a-b, 11a-b, 13a-b) ist kleiner und dünner und kommt auf dem Film daher manchmal nur schwach heraus; Duktus III (fol. 4a(Z.13-19)-4b) ist enger geschrieben als Duktus II, aber mit stärkerem *ḫaṭṭ*.

Duktus II konnte eindeutig der Handschrift Muḥammad Yaḥyās selbst zugeordnet werden. Das ergaben Vergleiche mit anderen Handschriften, die als Autographe bzw. Kopien des Autors z.T. explizit ausgewiesen waren (MS 1108 (*ar-Riḥla*; größtenteils aus der Hand des Autors); MS 1109 und MS 1184 (*Manbaʿ al-ḥaqq*); MS 1180 und MS 1181 ([*Maǧmūʿa*]); MS 1264 (*Qāmiʿ al-mubtadiʿa*)) und einer Schriftprobe Muḥammad Yaḥyās, die zu seiner Biographie

bei Ziriklī aus einem Dokument abgedruckt ist.[1]
Duktus I findet sich auch im umfangreichen *Riḥla*-Manuskript MS 1108 (ungefähr im dritten Viertel) und ist vielleicht die Handschrift eines Schülers von Muḥammad Yaḥyā. Duktus III konnte nicht eingeordnet werden.
Muḥammad Yaḥyā hat möglicherweise den Text teilweise diktiert, um dann zwischendurch selbst Hand anzulegen. Vielleicht hat er auch zusammen mit seinem Schüler bzw. seinen Schülern parallel sein schon früher verfaßtes Gutachten kopiert. Die Folia tragen durchgängig Reklamanten.
Diejenigen Marginalien, die berücksichtigt wurden und überwiegend eindeutig aus der Hand des Autors stammen, sind in der Regel Ergänzungen - wohl das Ergebnis einer Korrekturlektüre -, die mit einem Verweisstrich im laufenden Text klar zugeordnet sind.
Folgende Marginalien wurden berücksichtigt: fol. 3b, zu Z.19; 5b, Z.8; 6a, Z.5, Z.9; 6b, Z.11, Z.13; 7b, Z.7; 9a, Z.4; 10b, Z.15, Z.17; 11b, Z.3, Z.15; 12a, Z.13; 12b, Z.4; 14b, Z.18; 15a, Z.14. Diese wurden in die Edition übernommen und ohne weiteren Kommentar im kritischen Apparat in den fortlaufenden Text eingesetzt. Unberücksichtigt blieben die Marginalien fol. 5a, zu Z.6; 7a, Z.14, Z.16; 8b, Z.8; 12a, Z.3; 13b, Z.7. Teilweise eindeutig aus späterer Hand sind sie entweder unlesbar und/oder keiner bestimmten Textstelle eindeutig zuzuordnen, an der sie sinnerhellend wirken könnten.
Bisweilen finden sich (eindeutige) Tilgungen (fol. 9b, Z.5: ~~التحريم~~, Z.9: ~~المذكور~~; 10b, Z.2: ~~اعلم~~; 14a, Z.6: ~~يشرب منه~~, Z.8: ~~على~~) und an zwei Stellen Zeilenfüller (fol. 3a, Z.2; 15a, Z.1). Hin und wieder stößt man auf Vokalzeichen (z.B. fol. 1b, Z.7: كَيف; 2b, Z.3: كَان; 6a, Z.9: شَرَبَة; 9a, Z. 14: حزٌّ; 10a, Z.4: من وجهٍ مّا; 14a, Z.6: صوّر etc.); des öfteren ist ein اه (für انتهى) gesetzt, das selten das Ende eines Sinnabschnitts (z.B. fol. 3a, Z.18), sonst immer das Ende eines Zitats markiert (z.B.

1 Ziriklī, Aʿlām⁶, VII, 142, Mitte.

fol. 11a, Z.7; 12a, Z.12 etc.). Auf fol. 2b, Z.5, 14a, Z.19-20 und 15a, Z.8-11 stehen Satzzeichen (∴), auf fol. 14a und 15a zur Begrenzung der Halbverse im zitierten Gedicht.
Eckige Klammern umschließen Rekonstruktionen, die im Apparat jeweils angemerkt sind, sowie die Foliozählung, darüber hinaus - in einigen wenigen Fällen - Zitatauslassungen Muḥammad Yaḥyās (z.B. fol. 4b, Z.11ff. im Zitat Ġazālīs; fol. 13a, Z.14ff. im Zitat Muslims). Der Folio-Zeilenzähler in Fünferschritten steht in runden Klammern.

Über das Abfassungsdatum können aus dem Manuskript selbst keine Schlüsse gezogen werden. Es liegt jedoch nahe, daß das Gutachten in dem in der Einleitung schon angesprochenen Zeitraum verfaßt wurde, in dem dieses Problem von zahlreichen Gelehrten ausführlich und kontrovers diskutiert wurde, also zwischen 1900, nach Muḥammad Yaḥyās Rückkehr von seiner Pilgerreise, und 1912, seinem Todesjahr.
Er selbst hatte spätestens auf seiner siebenjährigen Reise den Tee kennengelernt. 1311-2/1894 in Tīšīt (also noch auf dem Gebiet des nördlichen Mauretanien) war er mit Tee bewirtet worden.[2] Im weiteren Verlauf dieser Reise erwähnt er noch mehrmals, Tee getrunken zu haben,[3] das alles übrigens eher beiläufig und wie selbstverständlich, was darauf hinweisen könnte, daß er Tee schon sehr viel länger kannte. 1315/1897 (auf der Rückreise) hat er sich in Tazrawālt (im Süden Marokkos) u.a. mit zwei *raṭl* (das ist knapp ein Kilo)[4] Tee eingedeckt.[5]

---

2 Muḥammad Yaḥyā, *Riḥla*, 26.
3 Ibid. 87, 351.
4 Vgl. Hinz, Masse, 27-33, insbes. 32f.
5 Muḥammad Yaḥyā, *Riḥla*, 388.

Edition

[نازلة فى إباحة أتاى لمحمد يحيى الولاتى]

[١آ] الحمد لله والصلاة والسلام على رسول الله وعلى آله[1] سلام حسن اسنى وتحية طيبة حسنى من عبد ربّه محمد يحيى بن محمد المختار الى أخوَيْه فى الله وحبيبَيْه[2] محمدّ ابن انْبالَ وابن أخيه محمد المختار بن احمد اعْلَما أعلمَنا الله تعالى واياكما الخير ووقانا واياكما الضَيْر

انا وصلَنا سؤالكم عن الحكم الشرعى فيما أفتى به اهل محمد سالم من تحريم شرب أتاى وعن صحّة النقول التى استندوا اليها فى ذلك

وها انا أريد ان أبيّن لكما الحكم الشَرْعى فى ذلك ان شاء الله تعالى وابين لكما فساد فَهْمهم فى النقول التى أرسلتم الينا انها هى مستنَدهم ورتّبت ذلك على اربعة فصول

الفصل الاوّل فى بيان معنى كلام ابى اسحاق الشاطبى الذى نقلوه من موافقاته مستنِدين اليه وفى بيان فساد فهمهم فيه

الفصل الثانى فى بيان معنى كلام الغزالى الذى نقلوه من كتابه الإحياء محتجّين به على تحريم شرب أتاى وبيان فساد فهمهم فيه

الفصل الثالث فى بيان بُطْلان احتجاجهم بالحديث الذى نقلوا من المَدْخَل وبيان معنى كلام ابن الحاجّ الذى قَبِل الحديث وانه حجّة عليهم لو تأمّلوه

1 Die Zeile 1 ist teilweise verwischt; diese Eingangsformulierung findet sich wortgetreu in anderen Gutachten Muḥammad Yaḥyās (vgl. z.B. Muḥammad Yaḥyā, [*Maǧmūʿa*], 5.)

2 MS: وحبيبه.

الفصل [اب] **الرابع** فى بيان ان فى كلام الغزالى وابن الحاجّ مخالفة للشَرْع فى بعض الوجوه

فأقول وبالله التوفيق وهو الهادى بمنّه الى سواء الطريق

الفصل الاوّل فى بيان معنى كلام الشاطبى الذى نقلوا من موافقاته وبيان فساد فهمهم فيه

فأقول والله الموفّق للصواب اعلمْ ايها الناظر المنصِف ان اللفظ الذى نقله اهل محمد سالم من كتاب الموافقات هذا نصّه

«ان قيل كيف يتأتّى قَصْد الشارع للإخلاص فى الأعمال العادية وعدم التشريك فيها قيل معنى ذلك ان تكون معمولة على مقتضى المشروع لا يقصد بها عمل جاهلى ولا اختراع شيطانى ولا تشبُّه بغير اهل الملّة كشرب الماء او العسل فى صورة شرب الخمر»[3]

انتهى ما نقلوا من كلام ابى اسحاق الشاطبى وقد دلّسوا فيه فتركوا اوّله وآخره وفيما تركوا نقله منه حجّة عليهم فى فساد فهمهم فيما نقلوا وها انا ابين لك ذلك ان شاء الله تعالى بياناً شافياً فاقول والى الله تعالى أضرع فى التوفيق والقبول

قال ابو اسحاق الشاطبى فى موافقاته فى المسألة السادسة من النوع الرابع فى بيان قصد الشارع فى دخول المكلّف تحت أحكام [٢آ] الشريعة من كتاب المَقاصد ما نصّه

«العمل اذا وقع على وفق المقاصد التابعة فلا يخلو ان تُصاحبه المقاصد الأصلية أوْ لا امّا[4] الاوّل فعمل بالامتثال بلا إشكال وان كان سعياً فى حظّ النفس واما الثانى فعمل بالحظ والهَوى مجرّداً والمصاحبة اما بالفِعْل ومثاله ان يقول مثلاً هذا المأكول او هذا الملبوس[5] أباح لى الشرع الاستمتاع به فأنا استمتع بالمباح وأعمل باستجلابه لانه مأذون فيه

3 Šāṭibī, *Muwāfaqāt*, II, 208.
4 Šāṭ./Ed.: فاما.
5 Šāṭ./Ed. noch: او هذا الملموس.

واما بالقوّة ومثاله ان يدخل فى التسبّب الى ذلك المباح من الوجه المأذون فيه لكن نفس الإذن لم يَخطر (١٠) بباله وانما خطر له ان هذا المباح يتوصّل اليه من الطريق الفلانى فاذا توصّل اليه منه فهذا فى الحكم كالاوّل [...][6] الاّ ان المصاحبة بالفعل أعلى«[7]

الى ان قال

»فان قيل كيف يتأتى قصد الشارع للإخلاص فى الأعمال العادية وعدم التشريك فيها قيل معنى ذلك ان تكون معمولة على (١٥) مقتضى المشروع لا يقصد بها عمل جاهلى ولا اختراع شيطانى ولا تشبه بغير اهل الملة كشرب الماء او العسل فى صورة شرب الخمر وأكل ما صنع لتعظيم أعياد اليهود او النصارى وان صنعه مسلم[8] او ما ذبح على مُضاهاة الجاهليّة وما أشبهَ ذلك ممّا هو نوع من تعظيم الشرك«[9]

وكالذبح على البئر[10] عند ظُهور الماء فيها [٢ب] لِئلاّ[11] يَغيض ماؤها وكالذبح للمَلِك عند قدومه تعظيماً له قال

»فهذا وما كان نحوه انما شَرَعَ على جهة ان يذبح على المشروع بقصْد مجرّد الأكل فاذا زيّد فيه هذا القصد كان تشريكاً فى المشروع ولحظاً لغير أمر الله تعالى«[12]

انتهى (٥) المُراد من كلام الشاطبى وها انا ابين لك معناه اعلم ايها الناظر المنصف ان معنى كلام الشاطبى المتقدّم قريباً

---

6 S.u.S.63 (Anm.45).
7 Šāṭibī, *Muwāfaqāt*, II, 207.
8 Šāṭ./Ed.: المسلم.
9 Šāṭibī, *Muwāfaqāt*, II, 208.
10 MS: البير.
11 MS: ليلا.
12 Šāṭibī, *Muwāfaqāt*, II, 210.

هو ان العمل العادى كالاكل والشرب واللبس اذا وقع على وفق المقاصد التابعة وهى المقاصد للحظوظ الدُنيَوية لا يخلو[13] ان تُصاحبه المقاصد الاصلية وهى قصد امتثال امر الله تعالى وعدم تشريك غيره معه فى العمل العادى او لا تصاحبه المقاصد الاصلية بأن يقع لقصد الحظّ النفسى فقط

اما الاوّل وهو العمل العادى الذى صاحبته المقاصد الاصلية فعمل اى فإنّه عمل بالامتثال بلا اشكال وان كان مع ذلك سعياً فى حظ النفس

واما الثانى وهو العمل العادى الذى لم تصاحبه المقاصد الاصلية فعمل بالحظ والهوى مجرداً اى فإنّه عمل بمجرد الحظ والهوى وذلك كما اذا اكل او شرب لمجرد الحظ او لبس لمجرد الحظ كدَفْع الجوع او العطش او للوقاية من الحرّ او البرد والمصاحبة اى مصاحبة المقصد الاصلى للمقصد التابع امّا ان تكون [٣آ] بالفعل ومثاله ان يقول الآكل او الشارب او اللابس فى نفسه مثلاً هذا المأكول او هذا الملبوس اباح لى الشرع الاستمتاع به فانا استمتع بالمباح و اعمل باستجلابه لانه مأذون فيه

واما ان تكون مصاحبة المقصد الاصلى للمقصد التابع بالقوّة ومثاله ان يدخل فى التسبب الى ذلك الفعل العادى المباح من الوجه المأذون فيه لكن نفس الاذن لم يخطر بباله فهذا فى الحكم كالاوّل اى ان صاحَبه عامل بالحظ والامتثال فهما مأجوران لهذه النية

ومعنى عدم التشريك فى العمل العادى ان يكون معمولاً على مقتضى المشروع وذلك ان يقصد العامل به مجرد الاكل او الشرب او اللبس ولا يزيّد على ذلك قصد الموافقة للعمل الجاهلى ولا التشبه بالكفّار فى أعمالهم المحرّمة شرعاً فان قصد بالعمل العادى التشبه بالكفار فى اعمالهم المحرمة كان آثماً كما اذا

13 MS: يخلوا.

شرب الماء او العسل فى صورة شرب الخمر واكل ما صنع لتعظيم أعياد اليهود او النصارى وان صنع مسلم او اكل ما ذبح على مضاهاة ذبح الجاهلية او ذبح على البئر[14] عند ظهور الماء فيه او ذبح لملك او كبير عند قدومه تعظيماً له وما اشبه ذلك مما هو نوع من تعظيم الشرك

فقوله مما هو نوع من تعظيم الشرك فيه تصريح بان قوله »كشرب الماء او العسل على صورة شرب الخمر« [٣ب] معناه ان شارِبه قصد به تعظيم الشرك حيثُ شرب الماء او العسل فى صورة شرب الخمر لِما فى ذلك من التشبه بالكفار فى شربهم الخمر والمتشبِّه بشربة الخمر فى شربه الماء او العسل معظِّم لهم او معظم لحالهم ضرورةً

وقد قال النبى صلى الله عليه وسلم »مَن تشبَّه بقوم فهو منهم«[15] أخرجه ابو داوود بسند حسن فبَان لك ايها الناظر المنصف ان المحرّم انما هو شرب الماء او العسل فى صورة شرب الخمر وعِلّة تحريمه التشبه بشربة الخمر واما نفس شرب الماء او العسل بلا تشبُّه بشربة الخمر بل المجرد دفع العطش او التلذّذ بالعسل فلا قائل بتحريمه

فبان لك ايها الناظر المنصف ان كلام ابى اسحاق الشاطبى بمَعْزِل بعيد عمّا فهِمه منه اهل محمد سالم من تحريم شرب أتاى لان اهل أتاى لا يشربونه فى صورة شرب الخمر فلا يقصدون بشربه التشبه بشربة الخمر ولا يقصدون بشربه موافقة عمل جاهلى ولا اختراعاً شيطانياً ولا يشركون فى شربه غير الله تعالى فلا يقصدون بشربه غير الله تعالى بل يشربونه على مقتضى المشروع وذلك مباح أجماعاً

وقد صرّح الشاطبى فى كلامه المذكور بأن علة تحريم شرب الماء او العسل هى ان يشرب فى صورة شرب الخمر وذلك ان يقصد

---

14 Im MS: البير.

15 Ibn Ḥanbal, *Musnad*, II, 50; Abū Dawūd, *Sunan*, II, 173 hat "وهو منهم".

بشربه موافقة عمل الجاهلية او يقصد به التشبه [آ٤] بغير اهل الملة او ان يقصد به تعظيم غير الله تعالى كتعظيم الملك بالذبح له عند قدومه وكتعظيم الجانّ بالذبح على البئر[16] عند ظهور الماء فيه فقد نَهَى رسول الله صلى الله عليه وسلم عن الذبح للجان

وهذه العِلَل مفقودة كلّها من شرب اهل أتاى (٥) لأتايهم[17] فانهم لا يشربونه الا على مقتضى المشروع

فمنهم من يشربه لقصد مجرد التلذّذ والتفكّه وهذا لا ثواب له فى شربه ولا إثم عليه فيه ومنهم من يقصد بشربه التنعّم بنِعْمة الله المباحة ويستحضر فى نفسه ان هذا شراب أذن له الشرع فى شربه ومنهم من لا يستحضر (١٠) الإذن فى حال شربه له ولكنّه لا يتسبّب فيه الا من الوجه المباح فهذان مأجوران لانهما عملا فى شربهما له بالحظ والامتثال معاً

فحاصل معنى كلام الشاطبى ان مستعمِل الأمر العادى كالماء او العسل لا يخلو من أحد ثلاثة أوجه

اوّلها ان يستعمله على وفق المقصد التابع اى الحظ النفسى مع (١٥) مصاحبة المقصد الاصلى اى الامتثال بالفعل او القوّة كما قدمنا بيانه فهذا مأجور

ثانيها ان يستعمله على وفق المقصد التابع اى الحظ النفسى فقط بأن يأكل او يشرب لقصد دفع الجوع او العطش فقط فهذا لا ثواب له ولا إثم عليه

ثالثها ان يستعمله على وفق المقصد التابع اى الحظ النفسى مع قصد موافقة عمل جاهلى او اختراع شيطانى [٤ب] [او تشبه بغير اهل الملة او قصد تعظيم غير الله تعالى وذلك كشرب][18] الماء او العسل فى صورة شرب الخمر وكأكل ما صنع لتعظيم أعياد

16 MS: البير.
17 MS: لاتائهم.
18 Zeile 1 teils unlesbar und inhaltlich mit Hilfe von Parallelstellen im Text rekonstruiert.

اليهود او النصارى وان صنعه مسلم فهذا آثم من حيث نيّته
السيّئة لا من حيث شربه الماء او العسل او أكله الطعام
لتعظيم اعياد الكفّار فإن ذلك (٥) اى الماء او العسل مباح
بإجماع العُلماء فلا يُمْكن ان ينقلب حراماً وانما المحرّم النيّة
السيّئة المذكورة

فهذا هو معنى كلام ابى اسحاق الشاطبى فهو بمعزل بعيد عما
فهمه منه اهل محمد سالم وتحريم شرب أتاى والله اعلم

الفصل الثانى فى بيان معنى كلام الغزالى الذى نقلوه من الإحياء وبيان فساد فهمهم فيه

فاقول وبالله التوفيق وهو الهادى بمنه الى سواء الطريق اعلم ايها الناظر المنصف ان اللفظ الذى نقله اهل محمد سالم من كتاب الإحياء هذا نصّه

»لو اجتمع جماعة وزيّنوا مجلساً وأحضروا آلات الشرب وأقداحه وصبّوا فيها السَكَنْجَبِين ونصبوا ساقياً يدُور عليهم [...] فيأخذون من الساقى ويشربون [...] حرم ذلك عليهم وان كان المشروب مباحاً«[1]

انتهى ما نقلوا من كلام الإحياء وقد دلّسوا فى النقل منه فتركوا أوّله وآخره فلم ينقلوه وحذفوا من وسطه وفيما تركوا حجّة عليهم فى فساد فهمهم فيما نقلوا وها انا أبيّن لك ذلك ان شاء الله تعالى بياناً شافياً فأقول والله [٥ ا] الموفّق للصواب

قال فى الإحياء فى كتاب آداب السماع باب الدليل على إباحة السماع الى ان قال

»ولا يُستثنى من هذا[2] الّا المَلاهِى والأوتار والمَزامير التى ورد الشرع بالمنع منها لا للَذّتها«[3]

الى ان قال

»ولكن حرمت الخمور [...] فحرم معها ما هو شِعار اهل الشرب وهى الاوتار والمزامير [...] من قِبَل الاتّباع« لا من

1 Ġazālī, *Iḥyā*ʾ, II, 424.
2 Ġaz./Ed.: هذه.
3 Ġazālī, *Iḥyā*ʾ, II, 423.

قبَل الأصالة [...] »فهى« اى الاوتار والمزامير »محرمة تَبَعاً لتحريم الخمر لثلاث عِلَل

احداها انها تدعو[4] الى شرب الخمر لان[5] اللذة الحاصلة بها انما تَتَمُّ بالخمر [...]

الثانية انها فى حق قريب العهد بشرب الخمر تذكر[6] مَجالس الأُنس بشربه[7] فهى سبب التذكّر له[8] [...]

الثالثة الاجتماع عليها لما ان صار من عادة اهل الفِسْق فيمنع من التشبه بهم لان »من تشبه بقوم فهو منهم«[9] وبهذه العلة نقول بترك السنّة مَهْمَا[10] صارت شعاراً لاهل البدعة خوفاً من التشبه بهم [...] وبهذه العلة نقول لو اجتمع جماعة وزيّنوا مجلساً وأحضروا آلات الشرب وأقداحه وصبّوا فيها السكنجبين ونصبوا ساقياً يدور عليهم ويسقيهم فيأخذون من الساقى ويشربون ويُحْيِى بعضهم بعضاً بكلماتهم المعتادة بينهم حرم ذلك عليهم وان كان المشروب مباحاً فى[11] [٥ب] نفسه لان فى هذا تشبيهاً باهل الفساد بل لهذا ينهى عن لبس القَباء [...] فى بلاد صار القباء فيها شعاراً لاهل[12] الفساد«[13]

انتهى المراد من كلام الإمام الغزالى وها انا ابين لك معناه اعلم انه قال ان الاوتار والمزامير حرمت تَبَعاً لتحريم الخمر لثلاث علل

4 MS: تدعوا.
5 Ġaz./Ed.: فان.
6 MS: تذكره.
7 Ġaz./Ed.: بالشرب.
8 التذكر له - Ġaz./Ed.: الذكر.
9 S.o.S.28, Anm.15.
10 MS: مهمى.
11 MS: فى فى (letztes Wort fol. 5a und erstes Wort fol. 5b).
12 شعارا لاهل - Ġaz./Ed.: من لباس اهل.
13 Ġazālī, *Iḥyā'*, II, 423f.

الأولى انها تدعو الى شرب الخمر

الثانية انها تذكر بمجالس الأنس بشرب الخمر

الثالثة ان الاجتماع عليها اى على الاوتار والمزامير لما ان صار من شعار اهل الفسق فى شربهم لخمرهم فيمنع من التشبه بهم

وقال ان هذه العلة الأخيرة وهى التشبه باهل الفسق توجب ترك السنة اذا صارت شعاراً لاهل البدعة خوفاً من التشبه بهم وان هذه العلة يحرم لأجلها الاجتماع على الشرب المباح اذا اجتمع له جماعة وزينوا مجلساً واحضروا آلات الشرب واقداحه وصبوا[14] فيها السكنجبين ونصبوا ساقياً يدور عليهم ويسقيهم فيأخذون من الساقى ويشربون ويحيى بعضهم بعضاً بكلماتهم المعتادة بينهم

فقال ان هذا الاجتماع على هذه الهيئة يحرم وان كان الشراب الذى اجتمعوا عليه مباحاً فى نفسه لان فى الاجتماع للشرب المباح [٦آ] على هذه [الهيئة المذكورة هى التشبه باهل الفسق والبدعة][15] فلا بمزامير وشرب الخمر

هذا معنى كلامه وهو بمعزل بعيد عما فهمه فيه اهل محمد سالم من تحريم شرب أتاى وذلك من خمسة اوجه

احدها ان كلام الغزالى صريح فى ان علة تحريم الاجتماع للشرب المباح على الهيئة المذكورة هى التشبه باهل الفسق والبدعة وهذه العلة مفقودة من اهل أتاى فانهم لا يقصدون بشربهم له مشابهة شربة الخمر لانهم لا يجتمعون لشربه على هذه الهيئة التى ذكر الغزالى واذا اجتمعوا لشربه عليهم فانهم لا يقصدون مشابهة شَرَبة الخمر والمحرم كما قال الغزالى انما هو التشبه باهل الفسق والبدعة او[16] اهل الخمر لا مجرّد الهيئة الاجتماعية والتشبه معناه فى اللغة القصد الى الشِبْه

[14] MS: ونصبوا.

[15] Zeile 1 zerstört und inhaltlich rekonstruiert.

[16] MS: -.

لانّه صِيْغة بفِعْل مَبْنِيّة من الشِبْه فيدلّ على قصد المشابهة واما الهيئة الاجتماعية المذكورة فالأصل فيها الإباحة فلا تحرُّم لها اذا اشتملت على محرم او قصد بها فاعِلوها مشابهة اهل الخمر فى هيئتهم التى يشربون عليها خمرهم فمن فعلها فى حال شربه العسل مثالاً بقصد المشابهة لشربة الخمر كان المحرم عليه التشبه فقط لا نفس شرب العسل فانه مباح بالاجماع ولا يمكن ان ينقلب حراماً بهذه النيّة السيّئة لكن يكون شارِبه بهذه النية جامعاً بين محرم هو التشبه بشربة الخمر ومباح هو شرب العسل والله اعلم

ثانيها ان الغزالى [٦ب] [قال فى كلامه المذكور لو اجتمع جماعة وزينوا مجلساً واحضروا][17] آلات الشرب واقداحه الخ

فجعل إحضار آلات الشرب واقداحه وتزيين المجلس من أوصاف الهيئة الاجتماعية التى هى شعار اهل الفسق ومعلوم ضرورة ان اهل أتاى لا يزيّنون مجلساً لشربهم له بل يجلسون فى كلّ مجلس اتّفق لهم ولا يحضرون آلات شرب الخمر واقداحه ولا يشربون أتاى فيها

وظاهِر كلام الغزالى انه يعنى بآلات الشرب واقداحه آلات شرب الخمر واقداحه خاصّة لان لفظ الشرب اذا أُطْلِقَ فى سِياق الذَمّ فى مَقام الخِطاب بالحقائق الشَرْعيات انصرف عُرْفاً الى شرب الخمر فيكون حقيقة عرفية فيه ولا شكّ ان اهل أتاى لا يحضرون آلات شرب الخمر فى حال شربهم لأتاى ولا يشربونه فى اقداح الخمر ويدل على انه يعنى بالاقداح اقداح الخمر

قوله الآتى وصبّوا فيها السكنجبين فان السكنجبين لا يشرب عادةً عند فَسَقة اهل الغرب الّا فى اقداح الخمر التى هى الأبّاشْ الزُجاجية فالحاصل ان كلام الغزالى بمعزل بعيد عما فهمه فيه اهل محمد سالم من تحريم شرب أتاى والله اعلم

17 Zeile 1 zerstört und inhaltlich rekonstruiert.

ثالثها قوله وصبوا فيها السكنجبين فقد جعل صبّ السكنجبين فى الاقداح من تَمام الهيئة الاجتماعية التى هى شعار اهل الفسق فى شربهم لخمرهم والسكنجبين هو المعروف عندنا بمسك اجير (؟)[18] يتّخذ اهل الغرب منه شرباً مسخّناً للجسد يجعلون فيه السكر يشربه الفسقة منه [٦٧] فى اقداح الخمر التى يشرب فيها عادةً وهى كِيزان الزُجاج المعروفة عندنا بالأبّاش مُفْرَدها بُوشْ ومعلوم ضرورة ان اهل أتاى لا يصبّون السكنجبين فى أكْؤُس[19] أتاى ولا يَخْلِطون به ولا يشربون مفرداً فى اقداحه المعتادة

فكلام الغزالى المذكور غير وارد عليهم

رابعها انه ذكر ان اهل الهيئة الاجتماعية المذكورة يحيى بعضهم بعضاً فى حال شربهم بكلمات معتادة بينهم ولَعَلّ تلك الكلمات يكون فيها فُحْش من القول ولا كذلك اهل أتاى فانهم لا يحيى بعضهم بعضاً فى حال شربهم لأتاى بكلمات معتادة بينهم ولا بكلمات معتادة بين شَرَبة الخمر فى حال شربهم له

خامسها كلام الغزالى المذكور يقتضى بظاهره ان الهيئة الاجتماعية العلة لتحريم شرب الخمر او جزء من علة تحريمه حَيْثُ قال ان المزامير والاوتار محرمة تبعاً لتحريم الخمر لثلاث علل وعَدَّ من تلك العلل الاجتماع عليها لكونه صار من عادة اهل الفسق فى شربهم للخمر وذلك باطل بالإجماع فقد أجمع الأئمّة[20] على ان علة تحريم شربه[21] هى الإسكار اى إزالة العقل وانما بَسيطة لا مركّبة من الاسكار والاجتماع على الهيئة المذكورة ويدل على انه يرى ان الهيئة الاجتماعية المذكورة علة لتحريم الخمر او جزء من علة تحريمه قياسه الاجتماع للشرب المباح على الاجتماع على شرب الخمر فى التحريم بجامع الهيئة المذكورة

---

18 Lesung unklar; s. dazu den Kommentar S. 86.

19 Ein in Westafrika gebräuchlicher Plural zu كأس (z.B. Muḥammad Yaḥyā, *Riḥla*, 351, Z.5.

20 MS: الايمة.

21 MS: شرب.

[٧ب] وهذا قياس فاسد لان تحريم شرب الخمر ثابت [بالنصّ القَطْعى وهو الكتاب والسنة المتواترة فالعلة القطعية المُجْمَع عليها وهى الإسكار

فالاجتماع على شربه بالهيئة المذكورة وصف طردى لا يُثْمِر فى الحكم الذى هو التحريم وجوداً ولا عَدَماً اى ان وجوده لا يلزم منه وجود تحريم الخمر لانه كان موجوداً قبله بالنص القطعى والعلة القطعية وعدمه لا يلزم منه عدم تحريم الخمر لان الخمر يحرم شربه ولو شربه الإنسان وحده فى قَعْر بيته فلو كانت الهيئة الاجتماعية التى ذكر الغزالى ان الاوتار والمزامير حرمت تبعاً لتحريم الخمر لأجلها هى علة تحريم الخمر او جزءاً من علة تحريمه لكان [٨آ] تحريمه يزول بزوالها لان الحكم المعلّل بعلّة بسيطة يزول بزوالها والحكم المعلّل بعلّة مركّبة يزول بزوال جزئها ويلزم على قول الغزالى هذا ان الشراب المباح بالأصالة كاللبن والعسل تارةً يكون حراماً وذلك اذا شربه جماعة بالهيئة المذكورة وتارةً يكون مباحاً وذلك اذا شربه إنسان وحده وان الخمر كذلك فاذا شربه جماعة بالهيئة المذكورة حرم ذلك عليهم واذا شربه إنسان وحده كان مباحاً لان الهيئة الاجتماعية هى علة التحريم او جزء علته وبزوال علة الحكم او جزئها يزول الحكم المعلول وهذا كلّه باطل

اذ لم يَرِدْ فى الشرع لا فى كتاب ولا فى سنة ان الاجتماع على الشرب المباح بالهيئة المذكورة حرام فالصواب ان الهيئة المذكورة لا تكون حراماً الّا اذا كان الجماعة الفاعلون لها متشبّهين بأهل الخمر فى هيئتهم فى حال شربه اى قاصِدين مشابهتهم فى ذلك تحسيناً لحالهم وإعجاباً به فيكون ذلك التشبه حراماً عليهم لقوله صلى الله عليه وسلم »من تشبه بقوم فهو منهم«[22] أخرجه ابو داوود بسند حسن واما نفس الاجتماع على الشراب

22 S.o.S.28, Anm.15.

المباح من غير تشبه باهل الفساد (٢٠) فلا قائل بتحريمه
والله اعلم

الفصل الثالث [٨ب] فى بيان معنى كلام ابن الحاجّ فى مدخله وبيان فساد فهم اهل محمد سالم فيه وبيان ان الحديث الذى أورده ابن الحاجّ موضوع لا سند له

فأقول وبالله التوفيق وهو الهادى بمنه الى سواء الطريق اعلم ايها الناظر المنصف ان اللفظ الذى نقله اهل محمد سالم من كتاب المدخل هذا نصّه

روى ابو هريرة »ان النبى صلى الله عليه وسلم قال اذا شرب العبد الماء على شبه المسكر كان ذلك الماء عليه حراماً«[1]

انتهى ما نقلوا من كتاب المدخل وقد دلّسوا فى النقل منه فتركوا اوّل الكلام وفيما تركوا منه حجّة عليهم فى فساد فهمهم وها انا أنقل لك كلام صاحب المدخل الذى أورده فى هذا المعنى وأبيّن لك معناه بياناً شافياً قال صاحب المدخل

»فصل ويتعيّن على المكلّف ان يتحفّظ فى نفسه بالفعل وفى غيره بالقول من هذه الخَصْلة[2] التى عَمَّتْ به البَلْوى[3] وهى ان الرجل اذا رأى امرأة وأعجبَتْه وأتى أهله جعل بين عينَيْه تلك المرأة التى رآها وهذا نوع من الزِنا كما[4] قاله علماؤنا رحمهم الله[5] فيمن أخذ كَوْزاً يشرب منه الماء فصوّر بين عينيه انه خمر يشربه ان ذلك الماء يَصِير عليه حراماً وهذا ممّا عمت به البلوى حتى لقد قال لى من أثِقُ به [٩آ] انه استفتى فى ذلك من ينسب الى العلم فأفتى بأن قال له[6]، اذا جعل من رآها بين عينيه عند جماع زوجته فانه

---

1 Ibn al-Ḥāǧǧ, *Madḫal*, II, 195.
2 Ibn al-Ḥāǧǧ/Ed.: الخصلة القبيحة.
3 Ibn al-Ḥāǧǧ/Ed.: البلوى فى الغالب.
4 Ibn al-Ḥāǧǧ/Ed.: لما.
5 رحمهم الله - Ibn al-Ḥāǧǧ/Ed.: رحمة الله عليهم.
6 Ibn al-Ḥāǧǧ/Ed.: -.

يؤجَر على ذلك‹ وعلّله بان قال ›اذا فعل ذلك فقد[7] صان دينه ف›انا لله وانا اليه راجعون‹[8] على وجود الجهل ووجود الجهل[9] (٥) بالجهل‹»[10]

الى ان قال

«وقد ذكر الطرطوشي[11] فى ذلك حديثاً عن ابى هريرة ان النبى صلى الله عليه وسلم قال ›اذا شرب العبد الماء على شِبْه المُسْكِر كان ذلك الماء عليه حراماً‹»[12]

انتهى المراد من كلام صاحب المدخل وفيه تصريح بأن الوَصْف المحرّم فى شرب الماء المذكور فى (١٠) كلامه هو تصوير شاربه بين عينيه انه خمر يشربه اى تخييله ذلك فى قَلْبه حتى صار كأنّه بَيْنَ عينَيْه

وهذا المعنى بمعزل بعيد عمّا فهمه أهل محمد سالم فى كلامه من انه يدلّ على تحريم شرب أتاى

فاستدلالهم به على تحريم شرب أتاى إيراد له فى غير مورده واستدلال (١٥) به على غير مدلوله لان اهل أتاى لا يصوّرون بين اعينهم حال شربهم له انه خمر يشربونه

فاستدلال اهل محمد سالم المذكور حزٌّ فى غير مفصّل وضَرْبٌ فى حديد بارد لان الوصف الذى هو مَناط التحريم فى كلام ابن الحاجّ وهو تصوير شارب الماء بين عينيه انه خمر يشربه [٩ب] [مفقود][13] من اهل أتاى وبزواله يزول الحكم الذى هو التحريم [...][14] اذ لا قائل بتحريم الماء اذا تَجَرَّدَ عن هذا الوصف وليس هذا الوصف مختصّاً بالماء ولا بأتاى بل يدخل فيه اللبن والعسل

---

7 Ibn al-Ḥāǧǧ/Ed.: -.
8 Koran 2,156.
9 ووجود الجهل - Ibn al-Ḥāǧǧ/Ed.: والجهل.
10 Ibn al-Ḥāǧǧ, *Madḫal*, II, 194f.
11 الطرطوشي - Ibn al-Ḥāǧǧ/Ed.: الطرطوشي رحمه الله.
12 Ibn al-Ḥāǧǧ, *Madḫal*, II, 195.
13 Kaum lesbar.
14 Ein unlesbares Wort (Ende Zeile 1).

وغيرهما من الأشربة المباحة اذا صوّر شاربه بين عينيه انه خمر يشربه فإن ذلك التصوير يحرم عليه لقوله صلى الله عليه وسلم »من تشبه بقوم فهو منهم«[15] أخرجه ابو داوود بسند حسن

وامّا نفس المشروب من ماء او عسل او لبن او أتاى فليس بحرام سَواءً صَحِبَه التصوير المذكور أمْ لَمْ يَصْحَبْه لكن اذا صحبه التصوير المذكور كان شاربه جامعاً بين محرّم هو التصوير المذكور ومباح هو شرب الماء او العسل فيأثم من جهة التصوير فقط اذ لا يُمكن ان ينقلب الماء او العسل حراماً بعد ان كان مباحاً والله اعلم

وامّا الحديث المعزوّ فى المدخل للطرطوشى راوياً له عن ابى هريرة فإنه موضوع لا أصل له ويدلّ لذلك أمور

احدها ان الطرطوشى ليس من اهل الرواية لانها انقطعت قبله لانه ولد سنة واحد وخمسين وأربعمائة ومات سنة عشرين وخمسمائة نصّ على ذلك ابن خلّكان فى وفيات الأعيان ولو فرضْنا انه من أهلها فانه لم يذكر لهذا الحديث سنداً فهو فى غاية الانقطاع لان بينه وبين ابى هريرة اربعة قرون ونبياً

ثانيها انه لم يَعْزُ الحديث الى كتاب كتب الحديث الصحيحة ولا الضعيفة والحديث غير المعزوّ لا عبرة به شرعاً عند الفقهاء

ثالثها انا بحثنا عنه فى مطوّلات الحديث فالمسند الكبير للامام احمد فقد بحثت عنه فى مسند ابى هريرة [١٠آ] من المسند فلم نجده فيه وبحثت عنه فى منتخب كنز العمّال فى بيان سنن الأفعال والأقوال للمتّقى الهندى فلم نجده فيه وهو كتاب جامع للأحاديث الصحيحة والحسنة وغير ذلك من الأحاديث المعتبرة من وجه ما اختصر مؤلّفه فيه الجامع الكبير للامام السيوطى وبحثت عنه فى حرف الهمزة من الجامع الصغير للسيوطى فلم نجده فيه

15 S.o.S.28, Anm.15.

وبحثت عنه فى كتاب منتقى الأخبار لمجد الدين عبد السلام بن عبد الله المعروف بابن تَيْمِيّة وهو كتاب جامع لأحاديث الفقه كلّها فلم أجده فيه وبحثت عنه فى فتح البارى على صحيح البخارى فى كتاب الأطعمة والأشربة منه فلم أجده فيه

فلذلك قلت انه موضوع ولو فرضنا انه حديث صحيح فانه لا دلالة فيه على تحريم شرب أتاى لانه علّل تحريم الماء على شاربه بما اذا شربه على شِبْه المسكر اى على شبه شرب المسكر بان تشبَّه فى شربه للماء بشربة المسكر

ولا شكّ ان اهل أتاى لا يشربونه على شبه المسكر فلا يشربون فى شربهم لأتاى بشربة المسكر والله اعلم

الفصل الرابع فى بيان ان فى كلام الغزالى فى الإحياء وكلام ابن الحاجّ فى المدخل اللذَيْن قدمنا [١٠ب] مخالفة للشرع فى بعض الوجوه

فأقول والله الموفّق للصواب واليه المَرْجِع والمآب اعلم ايها الناظر المنصف ان الغزالى قال فى كلامه المذكور ما نصّه

»وبهذه العلة نقول بترك السنة مهما[1] صارت شعاراً لاهل البدعة خوفاً من التشبه بهم«[2]

الى ان قال

»بل لهذا ينهى عن لبس القباء [...] فى بلاد صار القباء فيها شعاراً لاهل الفساد«[3]

قلت ففى هذا الكلام مخالفة للشرع العزيز من وجهَيْن
أحدها قوله »وبهذه العلة« اى وبسبب هذه العلة وهى التشبّه بأهل البدعة »نقول بترك السنة مهما[4] صارت شعاراً لاهل البدعة«
فان هذا الكلام مخالفة للكتاب والسنة والإجماع
امّا الكتاب فقوله تعالى

»ما نَنْسَخْ من آية او نُنْسِها نَأْتِ بخير منها او مثلِها«[5]

فهذه الآية صريحة فى ان النسخ لا يكون الا بالوَحْى من الله تعالى الى نبيّه صلى الله عليه وسلم بأن هذه الآيةَ نَسَخَتْها هذه الآيةُ او نَسَخَها[6] هذا الحديثُ او أن هذه السنةَ نَسَخَتْها هذه

1 MS: مهمى.
2 Ġazālī, *Iḥyā'*, II, 424.
3 Ibid.; zu den Abweichungen gegenüber dem Editionstext s.o.S. 32, Anm. 10 u. 12.
4 MS: مهمى.
5 Koran 2,106.
6 Kaum lesbar.

السنةُ او هذه الآيةَ يكون ذلك صريحاً كما ذكرنا ويكون ضِمْناً كما اذا تأخّر نُزول الآية او وُرود الحديث فلا يعارضها من آية او حديث

واما اذا طَرَأَ بعد وفاة[7] النبى صلى الله عليه وسلم عملُ اهل البدعة بآية او سنة فإن عملهم لا ينسخها اى فلا يوجب تركها اجماعاً

(٢٠) وقد زعم الغزالى ان عمل اهل البدعة بالسنة [١١آ] يوجب [تركها وذلك باطل قَطْعاً لاقتضائه ان النسخ حرام][8] بغير الوحى وانه يكون بعد وفاة النبى صلى الله عليه وسلم وذلك مخالف ايضاً لقوله تعالى »اليوم أكملْت لكم دينكم«[9] فى روح المعانى عند هذه الآية ما نصّه

»وعن ابن عبّاس والسُدّى (٥) ان معنى الآية[10] اليوم اكملت لكم حدودى وفرائضى وحلالى وحرامى بتنزيلى[11] ما انزلْت وبيانى[12] ما بيّنْت لكم فلا زيادة فى ذلك ولا نقصان منه بالنسخ بعد هذا اليوم«[13]

ويلزم من كلام الغزالى المذكور ايضاً ان النسخ باقٍ فى الشريعة الى الآن لانه قال ان السنة اذا صارت شعاراً لاهل (١٠) البدعة تترك خوفاً من التشبه لهم وهذا باطل لا أصل له

وامّا مخالفته للسنة فللأحاديث الكثيرة الصحيحة الواردة بالأمر بالعمل بالسنة والتمسّك بها الى يوم القيامة كقوله صلى الله عليه وسلم

---

7 MS: وفات.
8 Zeile 1 fast ganz zerstört und inhaltlich rekonstruiert.
9 Koran 5,3.
10 معنى الآية - Ālūsī/Ed.: المعنى.
11 Ālūsī/Ed.: بتنزيل.
12 Ālūsī/Ed.: وبيان.
13 Ālūsī, *Rūḥ*, VI, 60.

«عليكم بسنّتى وسنة الخلفاء الراشدين من بعدى عضّوا عليها بالنواجذ»[14]

الحديث وقوله صلى الله عليه وسلم

«تعمل هذه الأمّة بُرْهة بالكتاب وبرهة بالسنة وبرهة بالرأى فاذا عملوا بالرأى فقد ضلّوا وأضلّوا»[15]

وقد أجمع الأمّة [١١ب] [ان نسْخ السنّة المُحْكَمة عيّن العمل بها فى حياة النبى صلى الله][16] عليه وسلم وبعد وفاته الى يوم القيامة لا ينسخها رأى ولا خوف التشبّه بأهل البدعة وكلام الغزالى هذا يقتضى انها انما يعمل بها ما دامت لم تكن شعاراً لاهل البدعة فاذا صارت شعاراً لهم وجب تركها خوفاً من التشبه بهم وهذا باطل قطعاً فصوابه ان يقول ان فاعل السنة التى صارت شعاراً لاهل البدعة ان فعلها بنِيّة التشبّه بهم حرم ذلك عليه من جهة نيته السيّئة وان فعلها بنية امتثال السنة كان مأجوراً والله اعلم

واما مخالفة كلامه للإجماع فمن جهة كون الإجماع منعقداً على ان النسخ فى عرف الشرع اما رفع للحكم الشرعى السابق بحكم شرعى لاحق او بيان لانتهاء مدّة الحكم الشرعى السابق بدليل شرعى لاحق من كتاب او سنة وكلام الغزالى المذكور مخالِف لهذا الاجماع لانه [قال ان][17] الحكم الشرعى السابق يرفع اذا عمل

---

14 Mit wenig abweichendem Wortlaut findet sich dieses Ḥadīṯ bei: Abū Dawūd, *Sunan*, II, 261; Tirmiḏī, *Ṣaḥīḥ*, II, 113; Ibn Māǧa, *Sunan*, I, 16 (Nr. 43); Dārimī, *Sunan*, I, 44; Ibn Ḥanbal, *Musnad*, IV, 127.

15 Dieses Ḥadīṯ erscheint in keinem der "kanonischen" Kompendien, aber - mit wenig abweichendem Wortlaut - bei: Haiṯamī, *Maǧmaʿ*, I, 179; Ibn ʿAbdalbarr, *Ǧāmiʿ*, II, 163; Ibn Ḥaǧar, *Maṭālib*, III, 121 (Nr. 3045); Muttaqī, *Kanz*, I, 161 (Nr. 916); Ḫaṭīb, *Faqīh*, I, 179.

16 Zeile 1 fast ganz zerstört und inhaltlich rekonstruiert.

17 Für zwei unlesbare Wörter.

به اهل البدعة لانه صرّح بأن السنة تترك اذا صارت شعاراً لاهل البدعة وذلك هو عَيْن النسخ ولا قائل فى الشرع بان السنة المُحْكَمة ينسخها عمل اهل البدعة بها [١٢آ] والله اعلم
الوجه الثانى قول الغزالى »بل لهذا ينهى عن لبس القباء فى بلاد صار القباء فيها شعاراً لاهل الفساد« فان هذا الكلام مخالف للسنة الصحيحة فقد أخرج البخارى فى كتاب الصلاة

»عن ابى هريرة قال قام رجل الى النبىّ صلى الله عليه وسلم فسأله عن الصلاة فى الثوب الواحد فقال أوَكُلُّكم يجد ثوبَيْن ثم سأل رجل عمر فقال اذا وسّع الله فأوْسِعوا جَمَعَ رجل عليه ثيابه صلّى فى إزار ورِداء فى إزار وقميص فى إزار وقَباء فى سراويل ورِداء فى سراويل وقميص فى سراويل وقَباء فى تُبّان وقَباء فى تُبّان وقميص قال وأحْسِبُه قال فى تبان ورداء«[18]

أخرجه البخارى موقوفاً وأخرجه ابن حِبّان عن اسماعيل بن عُلَيّة عن أيّوب مرفوعاً فأدرج الموقوف فى المرفوع ولم يذكر عمر قاله فى الفتح وقال فيه ايضاً

أورد البخارى الحديث »بصِيغة الخبر ومُراده الأمر قال ابن بطّال يعنى لِيَجْمَعْ ولِيُصَلِّ وقال ابن المُنَيِّر الصحيح انه كلام فى معنى الشَرْط كأنّه قال ان جمع رجل عليه ثيابه فحَسُنَ ثم فصل الجمْع بصُوَر على معنى البَدَلِيّة«[19]

قلت [١٢ب] [ومُعْمَل أبداله][20] قوله »فى ازار وقباء« وقوله »فى سراويل وقباء« وقوله »فى تبان وقباء« فهذه الألفاظ صريحة فى ان لبس القباء والصلاة فيه من السنة المأمور بها فلا يمكن ان يكون مَنْهِيّاً عنه بسبب كَوْن لبسه صار شعاراً لاهل الفساد

18 Buḫārī, *Ṣaḥīḥ*, I, 104.
19 Ibn Ḥağar, *Fatḥ*, III, 25.
20 Undeutlich.

كما زعم الغزالى لما فى ذلك من نسخ السنة بلا ناسخ والله اعلم

وأخرج البخارى ايضاً فى كتاب اللباس

»عن المِسْوَر بن[21] مَخْرَمة ان رسول الله صلى الله عليه وسلم قسم[22] أقْبِيَةً ولم يُعْطِ مخرمة شيئاً فقال مخرمة ›انطلقْ[23] بنا الى رسول الله صلى الله عليه وسلم‹ فانطلقْتُ معه فقال ›ادْخُلْ فادْعُه لى‹ فدعَوْته له فخرج اليه وعليه قباء منها فقال ›خبأْت هذا لك‹ قال فنظر اليه فقال ›رضى مخرمةُ‹«[24]

قلت ففى هذا الحديث ان القباء يجوز لبسه وانه كسائر القمص اذا لم يكن حريراً فان[25] كان من صُوف او كَتّان او قُطْن واتّفق العلماء على ان لبسه مباح لا نَهْى فيه
فقول الغزالى انه ينهى عن لبسه فى البلاد التى صار لبس القباء فيها شعاراً لاهل الفساد مخالف لهذا [١٣آ] الحديث [لانه صرح ان القباء محرم ... وان][26] كان مباحاً بسبب كون لبسه صار شعاراً لاهل الفساد
وهذا باطل فصوابه ان يقول ان لبس القباء فى البلاد التى صار لبسه فيها شعاراً لاهل الفساد اذا نَوَى لابِسه بلبسه التشّبه بهم حرم ذلك عليه من جهة نيّته السيّئة لا من جهة لبسه إياه وان لبسه بنية سَتْر العَوْرة او بنية التوقّى من الحرّ والبرد او بلا نية فلا إثم عليه والله اعلم
واما كلام ابن الحاجّ فى مدخله فمخالفته للشرع من ثلاثة أوجه

21 MS: ابن (Zeilenanfang).
22 ان رسول ... قسم - Buh./Ed.: انه قال قسم رسول الله صلعم.
23 Buh./Ed.: يا بنى انطلق.
24 Buḫārī, *Ṣaḥīḥ*, IV, 76.
25 MS: بان.
26 Zeile 1 und Anfang Zeile 2 zerstört und inhaltlich rekonstruiert.

أحدها قوله ان الرجل اذا رأى امرأة وأعجبته وأتى أهله وجعل تلك المرأة بين عينيه فى حال جِماعه لأهله ان ذلك نوع من الزنا

فإن كلامه هذا مخالِف للحديث الصحيح الذى أخرجه مسلم فى كتاب النكاح من صحيحه

»عن جابر ان رسول الله صلى الله عليه وسلم [...] قال ان المرأة تُقْبِل فى صورة شيطان وتُدْبِر فى صورة شيطان فاذا أبصر أحدكم امرأة فَلْيَأْتِ أهله فإن ذلك يَرُدُّ ما فى نفسه«[27]

وأخرج عن جابر ايضاً

انه سمع »النبى صلى الله عليه وسلم يقول اذا أحدكم أعجبته المرأة فوقعَتْ فى قلبه فَلْيَعْمِدْ الى امرأته فَلْيُواقِعْها فإن ذلك يَرُدُّ ما فى نفسه«[28]

فظاهِر هذا الحديث الإطلاق [١٣ب] [ومَنْع جَعْله لها بَيْنَ عينَيْه لأن النبىّ صلى الله عليه وسلم أطلق][29] أجنبيةً فوقعت فى قلبه بأن يواقع زوجته وقال ان ذلك يردّ ما فى نفسه

ولم يقيّد أمره له بوِقاع زوجته فان لا يجعل الأجنبية بين عينيه فى[30] حال جِماعه لزوجته بل أطلق فى ذلك

والقاعدة الشرعية ان الحديث المطلق يجب العمل به باقياً على اطلاقه ما لم يوجد له مقيِّد من كتاب او سنة

فقول ابن الحاجّ ان جعله المرأة التى أعجبته بين عينيه فى حال جماعه بزوجته نوع من الزنا مخالف لظاهر هذا الحديث فهو خطأ واضح

27 Muslim, *Ṣaḥīḥ*, IV, 129f.
28 Muslim, *Ṣaḥīḥ*, IV, 130.
29 Zeile 1 teilweise kaum lesbar und inhaltlich rekonstruiert. Möglicherweise ist noch eine Zeile vor dieser vollständig verlorengegangen; s. dazu die Anm. 21 zur Übersetzung S. 112.
30 MS: -.

ولا شكّ ان الحديث المطلق لا يجوز صدفه عن ظاهره اى اطلاقه بقَيْد او تخصيص الا اذا كان القيد او المخصّص ثابتاً[31] بكتاب او سنة وذلك لم يوجد

فلَعَلّ ابن الحاجّ لم يطّلع على هذا الحديث او لعله يعنى بقوله المذكور ما اذا كان الرجل عازماً على الزنا بالمرأة التى أعجبته اذا تمكّن من ذلك فإنه يكون آثماً بذلك العَزْم السىّء ولكن لا يكون وقاعه لزوجته مع ذلك العزم السىّء من الزنا بل المحرّم عليه انما هو العزم المذكور لقوله تعالى »ولكن يُؤاخِذكم بما كسبَتْ قلوبُكم«[32] اى بما عزمتم عليه من المَعاصِى

قال فى لباب التأويل

»يعنى ولكن يؤاخذكم بما عزمتم عليه وقصدتم له وكسب القلب هو العقد والنيّة«[33]

وعلى هذا المعنى حَمَلَ بعض العلماء قوله تعالى »تَبْدوا ما فى أنفسكم او تَخْفوه يحاسِبكم به الله«[34] قال فى لباب [١٤آ] التأويل

»قال قوم فى معنى الآية وان تبدوا[35] ما فى أنفسكم يعنى مما عزمتم عليه او تخفوه اى او لا[36] تبدوه وأنتم عازمون عليه يحاسبكم به الله«[37]

فبَانَ لك ايها الناظر المنصف ان ما قال ابن الحاجّ فى مدخله مخالف للسنة الصحيحة والله اعلم

---

31 MS: ثابنا.
32 Koran 2,225.
33 Ḫāzin, *Lubāb*, I, 186.
34 Koran 2,284.
35 Ḫāzin/Ed.: تبدو.
36 او لا - Ḫāzin/Ed.: ولا.
37 Ḫāzin, *Lubāb*, I, 261.

الثانى قوله »كما قال علماؤنا رحمهم الله فيمن أخذ كوزاً يشرب منه الماء فصوّر بين عينيه انه خمر يشربه ان ذلك الماء يصير عليه حراماً«

فان ظاهر قوله »كما قال علماؤنا الخ« انه قاس مسألة من رأى أجنبية فأعجبته فواقَع زوجته جاعلاً الأجنبية بين عينيه على مسألة من أخذ كوزاً يشرب منه الماء فصوّر بين عينيه انه خمر يشربه اى قاسها عليها فى الحكم وهو التحريم بجامع تصوير الفعل المحرّم بين عينيه فى حال إيقاعه الفعل الحلال وهو جماع الزوجة وشرب الماء وهذا قِياس فاسد الاعتبار لانه مخالف لنصّ السنّة الصحيحة وهو حديث مسلم الذى قدمنا نقْله فان الحديث يقتضى جواز الجماع المذكور فقياسه على مسألة الشرب من الكوز فاسد لانه فى مقابلة النصّ والقياس فى مقابلة النصّ باطل

قال فى مَراقِى السُعود

»والخَلْف للنصّ او إجماع دَعَى
فَساد الاعتبار كلّ من وَعَى«[38]

يعنى ان مخالفة [١٤ب] القياس لنصّ الكتاب او السنة دعاه كل من وعى علم الأصول بفساد الاعتبار ومثل هذا فى جَمْع الجوامع لابن السُبْكىّ ومختصر ابن الحاجب الأصلى والله اعلم

الثالث قوله فـ»ان ذلك الماء يصير عليه حراماً« فانه خطأ ايضاً لمخالفته الكتاب والسنة والاجماع

اذ قد ورد فى الكتاب فى غير ما آية ان الماء العَذْب حلال اذ قد امتنّ الله تعالى على عباده به فى غير ما آية وقد ورد فى السنة الصحيحة فى غير ما حديث انه مباح وانعقد إجماع المسلمين على انه مباح فلا يمكن ان ينقلب حراماً بهذه النيّة السيّئة

38 ʿAbdallāh b. al-Ḥāǧǧ Ibrāhīm, *Našr*, II, 230 (= Muḥammad Yaḥyā, *Fatḥ*, 177f.).

فالذى يصحّ ان يكون حراماً انما هو تصويره اى الشارب بين عينيه ان الماء الذى يشربه فى الكوز خمر فان ذلك التصوير يكون حراماً اذا قصد به التشبّه بأهل الخمر فى شربهم لخمرهم لقوله عليه الصلاة والسلام »من تَشَبَّهَ بقوم فهو منهم«[39] أخرجه ابو داوود فى سُنَنه بسند حسن

ويكون تصويره المذكور حراماً ايضاً اذا عزم عند شربه للماء انه اذا وجد الخمر شربه لقوله تعالى »ولكن يؤاخذكم بما كسبت قلوبكم«[40]

واما اذا كان تصويره للماء بين عينيه انه خمر يشربه لا عزم عنده معه على شرب الخمر اذا وجده وانما هو خاطِر يخطر له او حديث النفس[41] فانه لا يؤاخذ به اتّفاقاً لحديث ابى هريرة ان رسول الله صلى الله [١٥آ] عليه وسلم قال »ان الله تجاوز لأمّتى عمّا حدثت به أنفسها ما لم تتكلّم به او تعمل«[42] أخرجه الشيخان

فى الحديث تصريح بأن المكلّف لا يؤاخَذ بحديث النفس وهو فَوْقَ الخاطِر والهاجِس ودُونَ الهَمّ مع ان الهَمّ لا يؤاخذ به ايضاً لانه ليس كَسْباً للقَلْب وانما المؤاخذ به من عمل القلب هو العَزْم فقط لانه هو كسب القلب

قال فى روح المعانى عند قوله تعالى »وان تبدوا ما فى أنفسكم«[43] الآية ما نصّه

»مَراتِب القَصْد خمسٌ هاجِسٌ ذكروا

[39] S.o.S.28, Anm.15.

[40] Koran 2,225.

[41] MS: النفس.

[42] Dieses Ḥadīṯ ist in wenig voneinander abweichenden Versionen überliefert bei: Buḫārī, *Ṣaḥīḥ*, II, 119; III, 464; IV, 267; Muslim, *Ṣaḥīḥ*, I, 81 u. 81f.; Abū Dawūd, *Sunan*, I, 345; Tirmiḏī, *Ṣaḥīḥ*, 222f.; Nasā'ī, *Sunan*,, II, 100 (3mal); Ibn Māǧa, *Sunan*, I, 658 (Nr. 2040) u. 659 (Nr. 2044).

[43] Koran 2,284.

فخاطرٌ فحديثُ النفس فاسْتَمِعا[44]
يَليه هَمٌّ فعَزْمٌ كُلُّها رُفِعَتْ
سوى الأخير ففيه الأخْذ قد وَقَعا[45] »[46]

وان كان تصوير شارب الماء بين عينيه ان الماء خمر لأجل مَحَبَّته فيه ولكنه عازم على انه لا يشربه اذا وجده فانه لا اثم عليه فى ذلك ايضاً اذا لم يقصد التشبّه بأهل الخمر فى شربه لان مجرّد محبّة الحرام لا يؤاخذ به ولا يعترض على هذا بقوله تعالى

«ان الذين يُحِبّون ان تَشِيع الفاحشةُ فى الذين آمنوا لهم عذاب أليم فى الدنيا والآخرة»[47]

لان المحبّة فى هذه الآية قد أوّلها العلماء بالتشييع اى ان الذين يشيعون الفاحشة [١٥ب] [باللسان فى الذين آمنوا لهم][48] العذاب الأليم [فى الدنيا بحدّ القَذْف والآخرة بالنار وأوّلها][49] فى الشرع بان محبّة الشيوع الفاحشة فى [الذين][50] آمنوا توجب حدّ القَذْف فالإجماع منعقد على انها لا توجبه فلذلك وجب تأويل الآية بما يوافق الإجماع والله اعلم
وصلى الله على سيّدنا ومولانا محمد وعلى آله وصَحْبه وسلم تسليماً
[أفتى][51] به عبد ربّه محمد يحيى بن محمد المختار [غفر الله تعالى له ولوالدَيْه جميع الأوزار آمين

44 Versmaßbedingt für: فاستمع.
45 Versmaßbedingt für: وقع.
46 Ālūsī, *Rūḥ*, III, 64; Versmaß: *basīṭ*.
47 Koran 24,19.
48 Zeile 1 vollständig zerstört und inhaltlich rekonstruiert.
49 Zeile 2 kaum lesbar und inhaltlich rekonstruiert. Zur Rekonstruktion der Zeilen 1 und 2 vgl. Maḥallī/Suyūṭī, *Tafsīr*, 465.
50 Kaum lesbar.
51 Kaum lesbar.

بحُرْمة النبى][52] المختار محمد صلى الله عليه وسلم

[52] Die letzten drei Zeilen kaum lesbar und rekonstruiert mit Hilfe eines anderen Fatwā-Abspanns von Muḥammad Yaḥyā (Muḥammad Yaḥyā, *Riḥla*, 269).

Bemerkungen zu Übersetzung und Kommentar

In der Übersetzung wurde versucht, möglichst korrekt den arabischen Wortlaut wiederzugeben. Dabei sollte ein Mittelweg zwischen Lesbarkeit der Übersetzung und Nähe zum Originaltext gefunden werden. Besonderen Wert wurde auf die einheitliche Wiedergabe rechtlicher Termini oder anderer relevanter Begriffe gelegt. Dabei ist versucht worden, wenn möglich, bestehende (teils allgemein eingeführte) Übersetzungen aus der Sekundärliteratur zu übernehmen oder - bei englischen Termini - ein deutsches Äquivalent zu verwenden. Sehr hilfreich waren dabei die Glossare in Kamali, Principles, 402-406, Burton, Sources, 225-227 und Masud, Philosophy, 343-347 sowie die Verwendung von Termini bei Baradie, Gottesrecht und im Lexikon der Islamischen Welt (Hrsg. Kreiser/Wielandt) in den zitierten Artikeln "Jurisprudenz", "Recht", "Strafrecht" und "Sunna".
Koranzitate wurden in der Übersetzung von Rudi Paret übernommen (in der Regel unter Auslassung der eingeklammerten Passagen).
Die Foliozählung ist in der Übersetzung durch Doppelsterne eingeschlossen. In eckigen Klammern stehen Ergänzungen des Übersetzers, die dem Verständnis bzw. der Lesbarkeit des Textes dienen sollen. Runde Klammern kennzeichnen erklärende Einschübe (mit "sc.") oder implizite Bedeutungen von arabischen Vokabeln oder Wendungen (z.B. *ẓāhir*: (Wort)sinn).
Der Kommentar setzt immer nach abgeschlossenen Sinneinheiten ein. Er soll den Leser in der Übersetzung begleiten. In einigen wenigen Exkursen wird - wie in der Einleitung bereits angesprochen - der angesprochene Hintergrund vertieft, wo ein kurzer Kommentar nicht genügend Einblick hätte gewähren können.

Übersetzung und Kommentar

Übersetzung

[Gutachten über das Erlaubtsein von Tee[1] von Muḥammad Yaḥyā al-Walātī]

1a Lob sei Gott, Segen und Heil über den Gesandten Gottes und seine Familie. Strahlend schönes Heil und die allerbesten Wünsche vom Diener seines Herrn Muḥammad Yaḥyā b. Muḥammad al-Muḫtār an seine (beiden) Brüder und Kameraden in Gott Muḥammadd (sic) b. Mbāl(a) und den Sohn seines Bruders Muḥammad al-Muḫtār b. Aḥmad [b. Mbāl(a)]. Wisset, Gott - Er ist erhaben - übermittelt uns und euch Gutes und schützt uns vor Schaden.
Uns hat eure Frage nach dem Rechtsurteil über das Verbot des Teetrinkens erreicht, über das die Ahl Muḥammad Sālim ein Rechtsgutachten abgegeben haben, und nach der Zuverlässigkeit der Traditionen, auf die sie sich dabei stützen.

Kommentar

Ḥimāllāh "Mbāla"[2] b. Muḥammad Ḥimāllāh al-Muslimī at-Tīšītī (MLG Nr. 246) war Angehöriger des Tīšīter Zawāyā-Stammes der Banū Muḥammad Muslim[3]. Er lebte in der ersten Hälfte des 19. Jahrhunderts, seine genauen Lebensdaten sind nicht bekannt. Drei seiner Brüder starben zwischen 1263/1846-7 und 1279/1862-3.[4] Es ist

1 Zum Wort *atāy* s. Taine-Cheikh, Dictionnaire, II, 254; Pierret, Etude, 176.
2 Arabisch: حمى الله انبال oder امبال, selten انباله; s. die Bemerkungen oben S.10f.
3 Zu ihnen s. Oßwald, Schichtengesellschaft, 435.
4 Oßwald, Handelsstädte, 435, 515/518-9 (nach MS 421, 4, 5, 7).

anzunehmen, daß auch sein Todesdatum in diesen Zeitraum fällt. Zwei Handschriften über Falak[5] bzw. Fiqh[6] können ihm nachweislich zugeschrieben werden, daneben soll er auch über Erbrecht geschrieben haben[7].

Dieser Ḥimāllāh "Mbāla" hatte anscheinend mindestens zwei Söhne: den im MS genannten Muḥammadd b. Mbāla und Aḥmad, dessen Sohn Muḥammad al-Muḫtār hier angeführt ist. Auch zu diesen Gelehrten sind keine genauen Lebensdaten bekannt. Die im MS genannten sind in jedem Falle Zeitgenossen von Muḥammad Yaḥyā al-Walātī.

Von Muḥammad al-Muḫtār b. Aḥmad b. Mbāla kennen wir einen Kommentar zu einer Versifizierung namens *ʿUbaid Rabbihī* des Muḥammad b. Āb al-Ġallāwī at-Tuwātī (lebte 1. Hälfte 12./18. Jh.)[8] zur *Āǧurrūmīya* des Ibn Āǧurrūm (st. 723/1323)[9], die gedruckt sein soll[10], eine *Waṣīya*[11], eine Nawāzil-Sammlung[12] sowie vier kleinere Werke, die in Timbuktu lagern[13]. Die Handschriften finden sich in Tinbidġa (Timbedgha), Tīšīt, Kīffah und - wie erwähnt - in Timbuktu. Man könnte ihn also als - für mauretanische Verhältnisse - überregional bekannten Grammatiker und Rechtsgelehrten ansehen.

Einem Muḥammad al-Muḫtār b. Mbāla sind zwei kleinere Werke über den Ḥaǧǧ[14] bzw. über Fiqh zugeschrieben[15]; daneben soll er einen Kommentar zur Epitome des Muḥammad Yaḥyā al-Yūnusī (MLG Nr. 342; st. 1354/1935)[16]

---

5 MS 483.
6 MS 270.
7 Ibn Ḥāmid, *Ḥayāt*, 19; Naḥwī, *Bilād Šinqīṭ*, 553.
8 Stewart u.a., Catalogue, Nr. 100.
9 GAL II, 237f.; S II, 332ff.
10 Naḥwī, *Bilād Šinqīṭ*, 623; MSS 335, 1098.
11 MS 394.
12 MS 1091.
13 [MS-Katalog Timbuktu], Nrr. 108, 110, 117, 503.
14 MS 1096.
15 MS 1099.
16 Ibn Ḥāmid, *Ḥayāt*, 7, 220; Naḥwī, *Bilād Šinqīṭ*, 528, 601.

über den *Takmīl* des Mayyāra (st. 1072/1662)[17] zum *Manhaǧ* des Zaqqāq (st. 912/1506)[18] geschrieben haben[19].

Dieser Muḥammad al-Muḫtār b. Mbāla könnte identisch sein mit dem im MS genannten Muḥammadd b. Mbāla, obwohl der Ausfall des Namensteils "al-Muḫtār" dagegen spricht. Solche Doppelnamen sind in Mauretanien üblich und - da bald jeder zweite Muḥammad heißt - auch für Mauren oft die einzige Hilfe, einen Autor korrekt zu identifizieren.

Wahrscheinlicher ist, daß er identisch ist mit dem im MS erwähnten Muḥammad al-Muḫtār b. Aḥmad b. Mbāla, wobei das Glied "b. Aḥmad" in den oben genannten Handschriften ausgefallen wäre. Dies geschieht sehr häufig bei maurischen Namen und ist eines der zentralen Probleme beim Studium maurischer Literaturgeschichte. Muḥammadd b. Mbāla wäre dann unter diesem Namen nicht als Autor in Erscheinung getreten.[20]

Die Ahl Muḥammad Sālim gehören zum Stamme der Midliš[21] und tragen die Nisbe "al-Maǧlisī". Der Stammvater Muḥammad Sālim b. Muḥammad Saʿīd wanderte um 1830 aus dem angestammten Siedlungsgebiet in Südwestmauretanien in das Gebiet der Ruqaibāt[22] aus,[23] die - zumindest noch 1915 - von den nördlichen Regionen der heutigen mauretanischen Provinzen Trarza und Brakna bis zum Wādī Draʿa in Südostmarokko siedelten[24]. Heute scheint sich ihr Einfluß auf das Gebiet der ehemaligen Spanischen Sahara zu beschränken.[25]

---

17 Ziriklī, Aʿlām[6], VI, 11f.
18 Ziriklī, Aʿlām[6], IV, 320.
19 Naḥwī, *Bilād Šinqīṭ*, 598.
20 In der MLG wurde vorläufig entschieden, die MSS des Muḥammad al-Muḫtār (b. Aḥmad) b. Mbāla in der Nr. 378 zusammenzufassen.
21 Zu ihnen s. Oßwald, Schichtengesellschaft, 435.
22 Oßwald, Schichtengesellschaft, 436.
23 Marty, Tribus, 125.
24 Marty, Tribus, 118.
25 Oßwald, Schichtengesellschaft, 436.

Sein Sohn Muḥammad b. Muḥammad Sālim al-Maǧlisī (MLG Nr. 621) starb 1302/1884-5[26] und ging als Verfasser dreier umfangreicher Werke in die Literaturgeschichte ein: er kommentierte den *Ṣaḥīḥ* des Buḫārī, den *Muḫtaṣar* des Ḫalīl und verfaßte einen Koran-Tafsīr.[27] Muḥammad b. Muḥammad Sālim hatte vier Söhne:[28] 1. Aḥmad (MLG Nr. 3661, st. 1339/1920-1[29]); 2. ʿAbdallāh (MLG Nr. 929, st. 1329/1911[30] oder [1331-2/]1913[31]); 3. ʿAbdalqādir (MLG Nr. 306, st. 1337/1918-9[32]) und 4. Ḥabīballāh (Todesdatum unbekannt).

Auf das Umfeld dieser vier Brüder wird wohl in unserem MS angespielt. Der herausragendste Gelehrte unter ihnen war zweifelsohne ʿAbdalqādir (b. Muḥammad b. Muḥammad Sālim). Er ist Verfasser bzw. Kommentator zahlreicher Werke über Sīra/Ġazawāt[33], Tauḥīd[34] und Fiqh[35].

26 Ibn Ḥāmid, *Ḥayāt*, 10, 28, 327; Naḥwī, *Bilād Šinqīṭ*, 526, 595.

27 Marty, Tribus, 124; 1. *an-Nahr al-ǧārī fī šarḥ Ṣaḥīḥ al-Buḫārī* (st. 256/869-70; GAL I, 157ff.; S I, 260ff.): MSS 140, 1996, 2104, 2108, 2109; Stewart u.a., Catalogue, Nr. 2448; 2. *Lawāmiʿ ad-durar fī hatk astār al-Muḫtaṣar* (dazu Oßwald, Schichtengesellschaft, 21 mit Anm. 38) des Ḫalīl b. Isḥāq al-Ǧundī (st. 767/1365-6; GAL II, 83ff.; S II, 96ff.): MSS 1469, 1993-1995, 2090, 2092, 2099, 2100, 2111; Stewart u.a., Catalogue, Nrr. 853, 957, 1084; 3. *ar-Rayyān fī tafsīr al-Qurʾān*: MSS 1997-2000, 2093, 2094, 2096.

28 Marty, Tribus, 125.

29 Ibn Ḥāmid, *Ḥayāt*, 327.

30 Ibn Ḥāmid, *Ḥayāt*, 10.

31 Marty, Tribus, 125.

32 Ibn Ḥāmid, *Ḥayāt*, 10, 27, 28, 29, 52, 56, 70, 327; Naḥwī, *Bilād Šinqīṭ*, 582.

33 MSS 155, 658, 748, 2112; Stewart u.a., Catalogue, Nrr. 1571, 1998; Stewart, Haroun Library, Nrr. 111, 929.

34 MSS 111, 232, 754, 1249, 1416, 1419, 1610, 2027, 2097, 2098; Stewart u.a., Catalogue, Nrr. 345, 671, 2289, 2480, 2613, 2782, 3080, 3091, 3121; [MS-Katalog Timbuktu], Nrr. 669, 693.

35 Er kommentierte u.a. den oben erwähnten *Muḫtaṣar*-Kommentar seines Vaters (*Ṯimān ad-durar fī hatk astār al-Muḫtaṣar*: MSS 2091, 2101-2103, 2110; Stewart u.a., Catalogue, Nrr. 1366, 1999, 2000); s.

Wie aus dem Exkurs in der Einleitung hervorgeht, ist aus dem Kreise der Ahl Muḥammad Sālim direkt kein Tee-Gutachten in Handschriften belegt.

Übersetzung

Wahrlich, ich möchte euch (beiden) das Rechtsurteil in dieser [Sache] erläutern, wenn Gott - Er ist erhaben - will. Und ich erkläre euch die Fehlerhaftigkeit ihres Verständnisses der Traditionen, die ihr uns zugesandt habt [mit der Angabe], diese seien ihr Beleg. Ich habe dies in vier Abschnitte gegliedert:

1. Abschnitt: Über die Erklärung der Bedeutung der Worte Abū Isḥāq aš-Šāṭibīs, auf die sie sich stützen und die sie aus seinen *Muwāfaqāt* zitieren, und der Fehlerhaftigkeit ihres Verständnisses dessen.
2. Abschnitt: Über die Erklärung der Bedeutung der Worte Ġazālīs, die sie aus seinem *Kitāb al-Iḥyā'* zitieren und mit denen sie das Verbot des Teetrinkens begründen, und der Fehlerhaftigkeit ihres Verständnisses dessen.
3. Abschnitt: Über die Ungültigkeit ihrer Argumentation mit dem Ḥadīṯ, das sie aus dem *Madḫal* zitieren, und die Erklärung der Bedeutung der Worte Ibn al-Ḥāǧǧs, der das Ḥadīṯ akzeptiert hat; und das ist ein Beweis gegen sie. Wenn sie ihn nur überdacht hätten!
4. **1b** Abschnitt: Über die Erklärung [der Tatsache], daß in den Worten Ġazālīs und Ibn al-Ḥāǧǧs in einigen Punkten ein Widerspruch zur Offenbarung besteht.

Ich sage - und bei Gott ist der Erfolg, Er ist der Führer durch seine Gnade zum richtigen Weg:

---

dazu auch Ould Bah, Littérature, Grafik zw. S. 42 u. 43 sowie S. 57ff.

1. Abschnitt: Über die Erklärung der Bedeutung der Worte Šāṭibīs, die sie aus seinen Muwāfaqāt *zitieren, und der Fehlerhaftigkeit ihres Verständnisses dessen.*

Kommentar

Abū Isḥāq Ibrāhīm b. Mūsā aš-Šāṭibī, einer der großen Rechtsgelehrten der Mālikīya, wirkte in Granada unter den Naṣriden, der letzten Bastion muslimischer Herrschaft in Spanien (bis 897/1492), und starb 790/1380[36]. Sein Hauptwerk ist das *Kitāb al-Muwāfaqāt fī uṣūl al-fiqh*, von dem hier eine kurze Inhaltsübersicht gegeben werden soll, da es als exemplarisch für die Uṣūl-Literatur gelten kann.[37]

EXKURS:[38] Das *K. al-Muwāfaqāt* des Šāṭibī[39]

Das *K. al-Muwāfaqāt* gliedert sich in sechs *kutub*:

1. Voraussetzungen (*muqaddimāt*)
2. Urteile (*aḥkām*)

36 GAL S II, 374f.; Ziriklī, Aʿlām^{6}, I, 75; besonders Maḫlūf, *Šaǧara*, 231 (Nr. 828). Masud, Philosophy behandelt ausführlich Leben und Werk des Šāṭibī, seine Lehrer und Schüler sowie das Quellenmaterial zu seiner Biographie in Kap. 2 (S.96-118). Die wichtigste Quelle ist der *Nail al-ibtihāǧ* des Aḥmad Bābā at-Tinbuktī.

37 Den Uṣūl al-fiqh wird in der Sekundärliteratur kaum Beachtung geschenkt, obwohl sie für das Verständnis des islamischen Rechts unabdingbar sind, zeigt sich doch hier das Wesen islamischer Rechtsauffassung und -philosophie.

38 Hier ist keine ausführliche Besprechung der *Muwāfaqāt* beabsichtigt, sondern eine teils unkommentierte, teils kurz erklärende Zusammenstellung der rechtlich relevanten Termini, die in diesem Uṣūl-Werk aufgegriffen werden.

39 Vgl. im folgenden Kreiser/Wielandt (Hrsg.), Lexikon, 225-231, s.v. "Recht" und 141-146, s.v. "Jurisprudenz".

a) Verpflichtungsurteile (*aḥkām taklīfīya*)
   - Hier wird die sogenannte islamische Pflichtenlehre erörtert, die fünf Kategorien von Handlungen: erlaubt bzw. indifferent (*mubāḥ*), empfehlenswert (*mandūb*), mißbilligt (*makrūh*), pflichtgemäß (*wāǧib*) und verboten (*ḥarām*).

b) Setzungsurteile (*aḥkām waḍʿīya*)
   - In diesem Abschnitt klassifiziert aš-Šāṭibī die "vorbereitenden Elemente rechtlich relevanter Handlungen in ihrem gegenseitigen Verhältnis"[40]: Grund (*sabab*), Bedingung (*šarṭ*), Hindernis (*māniʿ*), Zuverlässigkeit (*ṣiḥḥa*) und Nichtigkeit (*buṭlān*), strikter Befehl (*ʿazīma*) und Dispens (*ruḫṣ(a)*).[41]

3. Interessen (*maqāṣid*)
   a) die Interessen des Gesetzgebers [=Offenbarers; sc. Gottes] (*maqāṣid aš-šāriʿ* [=*maqāṣid aš-šarʿ*])
   b) die Interessen des Verpflichteten [sc. des Menschen/Muslimen] (*maqāṣid al-mukallaf*)[42]
4. Beweise (*adilla*)
   Diese dürfen im islamischen Recht aus folgenden Quellen zur Rechtsfindung herangezogen werden: Koran, Sunna, Konsens (*iǧmāʿ*) und Analogieschluß (*qiyās*); unterteilt in zwei Unterkapitel: a) im allgemeinen (*ʿalā l-ǧumla*) und b) im speziellen (*ʿalā t-tafṣīl*).
5. Anstrengung (*iǧtihād*)
   a) der *iǧtihād* selbst

---

40 Kreiser/Wielandt (Hrsg.), Lexikon, 227.

41 Ibid. 227f. gibt etwas andere Komponenten, z.B. wird zwischen Grund (*sabab*) und Ursache (*ʿilla*) differenziert.

42 Zu den unterschiedlichen Aspekten der *maqāṣid aš-šāriʿ* und der Abgrenzung der *maqāṣid al-mukallaf* vgl. Masud, Philosophy, 223f.

b) das Rechtgutachten (*fatwā*)
c) das Erbitten eines Rechtsgutachtens (*istiftā'*) und Nachahmung (*iqtidā'*)

6. Was zum *iǧtihād* gehört (*lawāḥiq al-iǧtihād*)
a) Widerspruch (*taʿāruḍ*) und Bevorzugung (*tarǧīḥ*)
b) Vorschriften der Frage und der Antwort (*aḥkām as-su'āl wal-ǧawāb*).

Näher beschäftigen wird uns im folgenden das *K. al-Maqāṣid*, die Lehre von den *maqāṣid aš-šarʿ*, den - wie Baradie sie nennt - "*rationes* der Scharia"[43].

Übersetzung

Ich sage bei Gott, der für das Richtige Erfolg verleiht: Wisse, o gerechtdenkender Betrachter [der Materie]: Die Formulierung, welche die Ahl Muḥammad Sālim aus dem *Kitāb al-Muwāfaqāt* zitieren, hat folgenden Wortlaut:

> "Wenn man fragt: Wie ist die Intention des Offenbarers umzusetzen, daß die gewöhnlichen Taten rein seien und Götzendienerei in ihnen nicht existiere?, so sagt man: Die Bedeutung dessen ist, daß sie nach dem Anspruch des Gesetzmäßigen verrichtet werden und daß mit ihnen weder eine heidnische Tat bezweckt wird, noch eine teuflische Erfindung, noch eine Nachahmung eines, der nicht zur Religionsgemeinschaft gehört, wie das Trinken von Wasser oder Honig in der Art und Weise des Trinkens von Wein."

Kommentar

[43] Baradie, Gottes-Recht, 169.

Die Argumentation der Ahl Muḥammad Sālim mit dieser Passage aus dem *K. al-Muwāfaqāt* ist eindeutig: Die Begründung für das Verbot des Teetrinkens ist, daß er - wie Wasser oder Honig bei aš-Šāṭibī - in der Art und Weise des Weins getrunken werde (*fī ṣūrat šurb al-ḫamr*), weil dadurch Nichtmuslime nachgeahmt werden. Die "Art und Weise" des Weintrinkens wird in Abschnitt 2[44] mit Bezug auf al-Ġazālī noch ausführlich beschrieben.

Übersetzung

[Hier] endet, was sie aus den Worten Abū Isḥāq aš-Šāṭibīs zitiert haben. Sie haben es verfälscht, indem sie Anfang und Ende weggelassen haben. Und im Weggelassenen liegt der Beweis gegen sie für die Fehlerhaftigkeit ihres Verständnisses des Zitierten. Wahrlich, ich werde dir das, wenn Gott - Er ist erhaben - will, ganz klar erläutern. Ich sage - und ich flehe Gott - Er ist erhaben - um Erfolg und Einwilligung an:
Abū Isḥāq aš-Šāṭibī schreibt in seinen *Muwāfaqāt* im *Kitāb al-Maqāṣid* im sechsten Fall der vierten Gattung *Über die Erläuterung der Intention des Offenbarers, daß der Verpflichtete unter die Vorschriften* **2a** *der Scharia falle*, folgendes:

> "Wenn die Tat im Einklang mit den untergeordneten Interessen steht, dann ist sie entweder mit den essentiellen Interessen verbunden, oder [auch] nicht. Im ersten [Fall] ist [sie] unzweifelhaft ein Akt des Gehorsams, auch wenn sie nach Seelenglück strebt. Im zweiten [Fall] ist [sie] ausschließlich ein Akt [zum Erreichen] des [Seelen]glückes und aus Begierde. Die Verbindung [kann] einerseits aktuell [vorhanden sein], beispielsweise: Wenn er (sc. derjenige, der etwas tut;

[44] S.o.S.75ff.

der 'Täter') z.B. sagt: Das Gesetz erlaubt mir, an dieser Nahrung oder dieser Kleidung Freude zu haben, also habe ich [auch] Freude an [diesem] erlaubten [Gut] und bemühe mich, es zu beschaffen, weil es [ja] qua seiner (sc. des Gesetzes) zulässig ist. Andererseits [kann die Verbindung] potentiell [vorhanden sein], beispielsweise: Wenn er aufgrund des ihm innewohnenden zulässigen Aspektes [zwar] in den Zustand des Grundes für dieses Erlaubte eintritt, ihm aber die Zulässigkeit selbst nicht in den Sinn kommt, sondern ihm nur einfällt, daß dieses Erlaubte auf irgendeinem Weg zu ihm gelangt ist. Wenn es dann [schließlich] so zu ihm gelangt ist, dann ist es wie der erste [Fall] zu beurteilen [...][45], jedoch ist die aktuelle Verbindung höher [zu bewerten]."

Kommentar

Für das Verständnis dieses Abschnitts ist eine Kenntnis der Lehre von den "Interessen des Gesetzes" (*maqāṣid aš-šarʿ*) unerläßlich.[46]

EXKURS: Die Lehre von den *maqāṣid aš-šarʿ* nach aš-Šāṭibī

Aš-Šāṭibī teilt die *maqāṣid* in folgende Kategorien ein[47]:

1. Die notwendigen Interessen (*aḍ-ḍarūrīyāt*):

45 Šāṭibī, *Muwāfaqāt*, II, 207 hier noch: *iḏā kāna ṭ-ṭarīqu llatī tawaṣṣala ilā l-mubāḥi min ǧihatihī mubāḥan*; s.o.S.26 (Anm.6).

46 Vgl. im folgenden Baradie, Gottes-Recht, 169ff., daran angelehnt erfolgte die Übersetzung der Kategorientermini; vgl. ebenso Masud, Philosophy, 225f., zu obigem Abschnitt insbesondere 269; Masud gibt die wichtigen Teile des *K. al-Maqāṣid* in Paraphrase wieder.

47 Šāṭibī, *Muwāfaqāt*, II, 8ff.

die Bewahrung der Religion, der Seele, der Nachkommenschaft, des Besitzes und der Vernunft[48];

2. Die bedürfnisbezogenen Interessen (*al-ḥāǧīyāt*): "Diese liegen u.a. in der Aufhebung der Bedrängnisse und der Konfliktsituationen und bezwecken eine Erleichterung hinsichtlich der Einhaltung der gesetzlichen Pflichten."[49]; und zwar bei religiösen Pflichten (*ʿibādāt*; z.B. Erleichterungen für einen Kranken oder auf Reisen), bei Bräuchen (*ʿādāt*; z.B. das Verzehren guter Nahrung), bei gegenseitigen Beziehungen (*muʿāmalāt*; z.B. der Pachtvertrag bei einer Pflanzung - *musāqāt*) sowie bei Verbrechen (*ǧināyāt*; z.B. das Auferlegen von Blutgeld)[50].
3. Die verschönernden Interessen (*at-taḥsīnīyāt*): "all das, was zur Schaffung und zur Einhaltung der noblen Gesinnung, der guten Sitten und Gebräuche sowie zur Bewahrung der edlen Eigenschaften der Menschen erforderlich ist."[51]; und zwar bei religiösen Pflichten (z.B. die Beseitigung der Unreinheit) sowie bei gegenseitigen Beziehungen (z.B. ein Mädchen zur Ehe zu geben - *inkāḥ*)[52].

Zu jeder dieser drei Kategorien treten die vervollkommnenden Interessen (*at-takmīlīyāt*):
zu 1. z.B. das Nichttrinken auch nur geringer Mengen Alkohols, weil es zu Trunkenheit führen könnte; zu 2. z.B. das Zusammenfassen der zwei Gebete auf Reisen (gemeint ist wohl die Kürzung von vier auf zwei *rakʿas*)[53]; zu 3. z.B. das Ausführen empfeh-

48 Šāṭibī, *Muwāfaqāt*, II, 10.
49 Baradie, Gottes-Recht, 170; vgl. Šāṭibī, *Muwāfaqāt*, II, 10f.
50 Šāṭibī, *Muwāfaqāt*, II, 11.
51 Baradie, Gottes-Recht, 171; vgl. Šāṭibī, *Muwāfaqāt*, II, 11.
52 Šāṭibī, *Muwāfaqāt*, II, 11f.
53 Vgl. Kreiser/Wielandt (Hrsg.), Lexikon, 110, s.v. "Gebet".

lenswerter Dinge zur Förderung der rituellen Reinheit (*mandūbāt aṭ-ṭahārāt*).[54]
Die verschönernden sind gleichsam die Vervollkommnung (*takmila*) der bedürfnisbezogenen Interessen, letztere sind wie die Vervollständigung (*tatimma*) der notwendigen Interessen, diese wiederum bilden die Grundlage des gesamten Interessensystems (*aṣl al-maṣāliḥ*).[55]

Für unsere Textpassage ist nun eine weitere Einteilung der *maqāṣid*, die aš-Šāṭibī vornimmt, von Bedeutung:[56]

1. Die essentiellen Interessen (*maqāṣid aṣlīya*): die relevanten Notwendigkeiten (*ḍarūrīyāt muʿtabara*) in jeder Religionsgemeinschaft - ihnen wohnt kein (Seelen)glück (*ḥaẓẓ*) für den Verpflichteten inne;
2. Die untergeordneten Interessen (*maqāṣid tābiʿa*):[57] in ihnen wird dem (Seelen)glück Rechnung getragen (*rūʿiya*) wie z.B. beim Genuß erlaubter Dinge (*al-istimtāʿ bil-mubāḥāt*).

Im vorliegenden Zitat ergibt sich nun folgende Systematik:

1. Fall: Die *maqāṣid tābiʿa* sind verbunden mit den *maqāṣid aṣlīya*, und zwar entweder
   a) aktuell (*bil-fiʿl*; der Handelnde ist sich der Verbindung bewußt) oder
   b) potentiell (*bil-quwwa*; die Verbindung ist unbewußt vorhanden).
   Das Ergebnis der unbewußten Handlungsweise mit potentieller Verbindung ist wie die bewußte Handlungsweise mit aktueller Verbindung anzuse-

54 Šāṭibī, *Muwāfaqāt*, II, 12f.
55 Šāṭibī, *Muwāfaqāt*, II, 13, 16ff.
56 Šāṭibī, *Muwāfaqāt*, II, 176ff.; vgl. Masud, Philosophy, 268.
57 Šāṭibī, *Muwāfaqāt*, II, 178ff.

hen, nur nicht so hoch anzurechnen (dies unter der Voraussetzung, daß der Weg zur Erlangung des Erlaubten ebenfalls erlaubt ist)[58].

2. Fall: Die *maqāṣid tābiʿa* sind nicht verbunden mit den *maqāṣid aṣlīya* (es handelt sich ausschließlich um eine Tat aus Begierde).

Übersetzung

Schließlich schreibt er:

> "Wenn man fragt: Wie ist die Intention des Offenbarers umzusetzen, daß die gewöhnlichen Taten rein seien und Götzendienerei in ihnen nicht existiere?, so sagt man: Die Bedeutung dessen ist, daß sie nach dem Anspruch des Gesetzmäßigen verrichtet werden und daß mit ihnen weder eine heidnische Tat bezweckt wird, noch eine teuflische Erfindung, noch eine Nachahmung eines, der nicht zur Religionsgemeinschaft gehört, wie das Trinken von Wasser oder Honig in der Art und Weise des Trinkens von Wein und der Verzehr dessen, was zum Lobpreis jüdischer oder christlicher Feste hergestellt wurde, auch wenn es ein Muslim gefertigt hat, oder [dessen], was entsprechend [den Gepflogenheiten] der Ǧāhilīya geschlachtet wurde, sowie [dessen], was irgendeiner Form der Verherrlichung von Götzendienerei ähnelt",

und wie das Schlachten am Brunnen, wenn Wasser erscheint, **2b** damit das Wasser nicht versiegen möge, oder wie das Schlachten zum Lobpreis eines Königs, wenn er kommt. Er (sc. aš-Šāṭibī) schreibt:

> "Dieses und dergleichen führte er (sc. Gott) nun aber im Hinblick darauf ein, daß er (sc. der Handelnde) nach dem Gesetzmäßigen schlachtet mit der bloßen In-

[58] Šāṭibī, *Muwāfaqāt*, II, 207; s.o.S.63, Anm.45.

tention des Verzehrs. Wenn er dabei diese Intention erweitert, dann handelt es sich bezüglich des Gesetzmäßigen um Götzendienerei und um Wahrnehmung einer anderen als der Sache Gottes - Er ist erhaben."

Kommentar

Soweit das erweiterte Zitat Šāṭibīs, welches Muḥammad Yaḥyā zur Urteilsbegründung heranzieht. Er ergänzt es noch um zwei Formen von Tieropfern, die als Polytheismus angesehen werden: das Schlachten am Brunnen und das Schlachten zum Lobpreis eines Herrschers.

Das Verbot von Fleisch, das für jüdische oder christliche Feste geschlachtet wurde, ist übrigens umstritten. Aš-Šāṭibī sieht es uneingeschränkt als Götzendienerei an, was eine eher strenge Position zu erkennen gibt.[59] Auch hier spielt die Intention beim Schlachten eine entscheidende Rolle; dies spricht aš-Šāṭibī schließlich auch an. Erfährt ein Muslim, daß ein Christ beim Schlachten die Heilige Jungfrau Maria anruft, so ist dieses Fleisch für ihn aber dennoch nur *makrūh* (mißbilligt) und nicht *ḥarām* (verboten), denn Sure 5,5 ist in dieser Hinsicht eindeutig, wo es heißt: "Und was diejenigen essen, die (vor euch) die Schrift erhalten haben, ist für euch erlaubt, und (ebenso) was ihr eßt, für sie."[60] Aš-Šāṭibī benutzt freilich in diesem Zusammhang nicht die Termini *ḥarām* oder *makrūh*.

Im folgenden paraphrasiert Muḥammad Yaḥyā die Worte Šāṭibīs bzw. ergänzt sie durch erklärende Einschübe, was dem Leser das Verständnis des doch recht komplizierten Textes erleichtern soll.

---

[59] Al-Qaradawi hat die Standpunkte über diesen Aspekt kurz zusammengefaßt: Qaradawi, Erlaubtes, 57-59.

[60] Vgl. Qaradawi, Erlaubtes, 59 mit Anm.3.

Übersetzung

Das soll von den Worten Šāṭibīs genügen. Wahrlich, ich erkläre dir ihre Bedeutung. Wisse, o gerechtdenkender Betrachter [der Materie], daß die Bedeutung der oben erwähnten Worte Šāṭibīs naheliegt, die da wäre:
Wenn die gewöhnliche Tat wie das Essen, Trinken und Tragen [von Kleidung] im Einklang mit den untergeordneten Interessen, den Interessen der irdischen Geschicke, steht, dann ist sie entweder mit den essentiellen Interessen verbunden, d.h. [mit] der Intention des Gehorsams gegenüber dem Befehl Gottes - Er ist erhaben - in der gewöhnlichen Tat und daß dabei neben ihm kein anderer existiert, oder [sie ist] nicht mit den essentiellen Interessen verbunden, indem sie nur für die Intention des Seelenglückes steht.
Im ersten [Fall], also [im Fall] der gewöhnlichen Tat, mit welcher die essentiellen Interessen verbunden sind, ist [es] ein Akt, d.h. ist sie[61] (sc. die Tat) unzweifelhaft ein Akt des Gehorsams, auch wenn sie trotzdem nach Seelenglück strebt.
Im zweiten [Fall], also [im Fall] der gewöhnlichen Tat, mit welcher die essentiellen Interessen nicht verbunden sind, ist [es] ausschließlich ein Akt [zum Erreichen] des [Seelen]glückes und aus Begierde, d.h. ist sie[62] ein Akt des bloßen [Seelen]glückes und aus Begierde. Dies ist gegeben, wenn er (sc. der Täter) ißt oder trinkt um des bloßen [Seelen]glückes willen oder [Kleidung] trägt aus eben diesem Grund wie das Bekämpfen von Hunger oder Durst oder zum Schutz vor Hitze oder Kälte.
Die Verbindung, d.h. die Verbindung des essentiellen Interesses mit dem untergeordneten Interesse, [kann]

---

61 Der Unterstreichungsstrich drückt die Emphase der arabischen Formulierung aus ("... *fa-ʿamal ay fa-innahū ʿamal* ...".
62 S.o.

einerseits aktuell **3a** vorhanden sein, beispielsweise: Wenn derjenige, der [etwas] ißt oder trinkt oder [Kleidung] trägt, zu sich z.B. sagt: Das Gesetz erlaubt mir, an dieser Nahrung oder dieser Kleidung Freude zu haben, also habe ich [auch] Freude an [diesem] erlaubten [Gut] und bemühe mich, es zu beschaffen, weil es [ja] qua seiner (sc. des Gesetzes) zulässig ist.
Andererseits [kann] die Verbindung des essentiellen Interesses mit dem untergeordneten Interesse potentiell vorhanden sein, beispielsweise: Wenn er aufgrund des ihm innewohnenden zulässigen Aspektes [zwar] in den Zustand des Grundes für diese gewöhnliche, erlaubte Tat eintritt, ihm aber die Zulässigkeit selbst nicht in den Sinn kommt; dann ist es wie der erste [Fall] zu beurteilen, d.h. daß der Täter sie (sc. die Tat) verbindet mit [Seelen]glück und Gehorsam [gleichzeitig]. Diese zwei [Täter] werden aufgrund dieser Absicht belohnt.

Kommentar

Hier spricht Muḥammad Yaḥyā zum ersten Mal explizit davon, daß derjenige, der in seiner Tat die *maqāṣid tābiʿa* mit den *maqāṣid aṣlīya* verbindet, gleich ob bewußt/aktuell oder unbewußt/potentiell, für seine Handlungsweise belohnt wird.

Übersetzung

Die Bedeutung der Nichtexistenz von Götzendienerei in der gewöhnlichen Tat ist, daß sie nach dem Anspruch des Gesetzmäßigen vollzogen wird. Dies ist [gegeben], wenn der Täter mit ihr (sc. der Tat) das bloße Essen oder Trinken oder Tragen [von Kleidung] bezweckt und darüber hinaus die Intention der Übereinstimmung weder mit einer heidnischen Tat noch mit der Nachahmung der Ungläubigen in ihren laut (islamischem) Gesetz verbotenen Taten erweitert. Wenn er mit der gewöhnlichen Tat die Nachahmung der Ungläubigen in ihren verbotenen Taten bezweckt, dann ist er ein Sünder wie wenn er Wasser oder Honig trinkt in der Art und Weise des Trinkens von Wein und ißt, was zum Lobpreis jüdischer oder christlicher Feste hergestellt wurde, auch wenn es ein Muslim gefertigt hat, oder ißt, was entsprechend [den Gepflogenheiten] des Schlachtens der Ǧāhilīya geschlachtet wurde, oder schlachtet am Brunnen, wenn Wasser erscheint, oder zum Lobpreis eines Königs oder [sonst] einer bedeutenden Persönlichkeit, wenn sie kommt, sowie [dessen], was irgendeiner Form der Verherrlichung von Götzendienerei ähnelt.

In seinem Wort, daß dies unter Verherrlichung von Götzendienerei falle, liegt die Erklärung [der Tatsache], daß sein Wort "wie das Trinken von Wasser oder Honig nach Art des Weintrinkens" **3b** die Bedeutung hat, daß derjenige, der es (sc. Wasser oder Honig) trinkt, [genau dort] damit Verherrlichung von Götzendienerei bezweckt, wo er Wasser oder Honig trinkt in der Art und Weise des Weintrinkens zum Zwecke der darin enthaltenen Nachahmung der Ungläubigen in ihrem Weintrinken. Dabei ist derjenige, der das Weintrinken nachahmt, indem er Wasser oder Honig trinkt, zwangsläufig einer, der sie [selbst] (sc. die Ungläubigen) oder [zumindest] ihren Zustand preist. Schon der Prophet - Gott segne ihn und schenke ihm Heil - hat gesagt: "Wer Leute nachahmt, ist einer von ihnen." Abū Dāwūd überliefert es (sc. das Ḥadīṯ) mit einer guten Überliefererkette.

Kommentar

Es ergibt sich für Wasser und Honig nun folgende Sachlage: Sie sind erlaubt, wenn sie zum ausschließlichen Verzehr gedacht sind, aber in dem Moment verboten, wenn beim Genuß die Ungläubigen bzw. deren Taten nachgeahmt werden. Dabei wird nicht Wasser bzw. Honig als Nahrungsmittel an sich verboten, sondern der Akt der Nachahmung; so stellt es Muḥammad Yaḥyā dar.

Diese Argumentation wird nun auf den Tee und das Teetrinken übertragen.

Übersetzung

Es dürfte dir klar sein, o gerechtdenkender Betrachter [der Materie], daß das Verbotene nun also das Trinken von Wasser oder Honig in der Art und Weise des Trinkens von Wein ist, und die Ursache seines Verbots ist die Nachahmung des Weintrinkens. Was das Trinken von Wasser oder Honig selbst angeht ohne eine Nachahmung des Weintrinkens, sondern vielmehr als bloßes Durststillen oder Genießen von Honig, so wird niemand sein Verbot aussprechen.

Es dürfte dir klar sein, o gerechtdenkender Betrachter [der Materie], daß die Worte Abū Isḥāq aš-Šāṭibīs weit entfernt sind von dem Verbot des Teetrinkens, das die Ahl Muḥammad Sālim darunter verstanden haben, denn die Teetrinker trinken ihn (sc. den Tee) nicht in der Art und Weise des Trinkens von Wein, sie bezwecken mit seinem Trinken nicht die Nachahmung des Weintrinkens, auch nicht die Übereinstimmung mit einer heidnischen Tat oder einer teuflischen Erfindung, sie verehren in seinem Trinken niemand anderen als Gott - Er ist erhaben -, sie streben mit seinem Trinken nach niemand anderem als Gott - Er ist erhaben -, sondern sie trinken ihn nach dem Anspruch des Gesetzmäßigen, und das ist qua Konsens erlaubt.

Aš-Šāṭibī legte in seinen eben erwähnten Worten dar, daß die Ursache des Verbots des Trinkens von Wasser oder Honig die ist, daß es (bzw. er) in der Art und Weise des

Weintrinkens getrunken werde. Dies [ist gegeben], wenn er (sc. derjenige, der trinkt) mit seinem Trinken die Übereinstimmung mit einer Tat der Ǧāhilīya bezweckt oder die Nachahmung **4a** eines, der nicht zur Religionsgemeinschaft gehört, oder die Verehrung eines anderen als Gott - Er ist erhaben -, wie das Preisen des Königs bei seiner Ankunft, indem er für ihn schlachtet, und das Preisen der Dschinnen, indem er am Brunnen - wenn Wasser erscheint - schlachtet. Schon der Gesandte Gottes - Gott segne ihn und schenke ihm Heil - hat das Schlachten für die Dschinnen untersagt.
All diese Ursachen findet man nicht, wenn die Teetrinker ihren Tee trinken, denn sie trinken ihn nur nach dem Anspruch des Gesetzmäßigen.

Kommentar

Der Tee wird also analog zu Wasser oder Honig behandelt: Er ist grundsätzlich erlaubt; nur wenn er mit einer unlauteren Intention genossen wird, ist er verboten, wobei das eigentlich Verbotene wiederum nur die (unlautere) Intention ist.

Übersetzung

Unter ihnen (sc. den Teetrinkern) gibt es den, der ihn ausschließlich mit der Intention des Genusses und der Ergötzung trinkt; ihm steht kein Lohn zu für sein Trinken, noch liegt auf ihm Sünde. Dann gibt es unter ihnen den, der mit seinem Trinken die Freude an der allen offenstehenden Gnade Gottes bezweckt, wobei er sich in seiner Seele vergegenwärtigt, daß dies ein Getränk ist, welches zu trinken ihm das Gesetz gestattet. [Ferner] gibt es unter ihnen den, der sich die Zulässigkeit im Augenblick des [Tee]trinkens nicht vergegenwärtigt, wobei sich aber nur ein erlaubter Aspekt als Grund dafür ergibt. Diese zwei [letzteren] werden belohnt, weil sie beim [Tee]trinken aus [Seelen]glück und Gehorsam gemeinsam handeln.

Die Essenz der Bedeutung der Worte Šāṭibīs ist, daß derjenige, der eine gewöhnliche Sache wie Wasser oder Honig verwendet, auf jeden Fall unter einen der [folgenden] drei Aspekte fällt:

1. daß er sie (sc. die Sache) im Einklang mit dem untergeordneten Interesse, d.h. dem Seelenglück, verwendet in Verbindung mit dem essentiellen Interesse, d.h. dem Gehorsam, aktuell oder potentiell wie wir oben bereits erläutert haben. Dieser [so Handelnde] wird belohnt.
2. daß er sie nur im Einklang mit dem untergeordneten Interesse, d.h. dem Seelenglück, verwendet, indem er ißt oder trinkt nur mit der Intention des Bekämpfens von Hunger oder Durst. Dem steht kein Lohn zu, noch liegt auf ihm Sünde.
3. daß er sie im Einklang mit dem untergeordneten Interesse, d.h. dem Seelenglück, verwendet zusammen mit der Intention der Überstimmung mit einer heidnischen Tat oder einer teuflischen Erfindung **4b** oder einer Nachahmung eines, der nicht zur Religionsgemeinschaft gehört, oder [mit] der Intention, einen anderen als Gott - Er ist erhaben - zu preisen. Dies ist wie das Trinken von Wasser oder Honig in der Art und Weise des Weintrinkens und wie der Verzehr dessen, was zum Lobpreis jüdischer oder christlicher Feste hergestellt wurde, auch wenn es ein Muslim gefertigt hat. Dieser ist ein Sünder wegen seiner schlechten Absicht, nicht wegen [der Tatsache, daß] er Wasser oder Honig trinkt oder [eine bestimmte] Speise ißt zur Verherrlichung der Feste der Ungläubigen, denn dies, d.h. Wasser und Honig, ist erlaubt durch den Konsens der Gelehrten. Es ist nicht möglich, daß es (sc. das Erlaubte) verkehrt wird in etwas Verbotenes,

denn was vielmehr verboten ist, ist die erwähnte schlechte Absicht.

Kommentar

Zusammenfassend läßt sich noch einmal sagen: Tee ist - in Anlehnung an Abū Isḥāq aš-Šāṭibī - wie Wasser oder Honig grundsätzlich erlaubt, aber wie jedes andere Gut genau dann verboten, wenn damit eine Form von Polytheismus verfolgt wird. Die Argumentation Muḥammad Yaḥyās erscheint in sich schlüssig.

Übersetzung

Dies ist die Bedeutung der Worte Abū Isḥāq aš-Šāṭibīs. Sie ist weit entfernt von dem Verbot des Teetrinkens, das die Ahl Muḥammad Sālim darunter verstanden haben. Gott weiß es am besten!

Übersetzung

2. Abschnitt: Über die Erklärung der Bedeutung der Worte Ġazālīs, die sie aus dem Iḥyā' *zitieren, und der Fehlerhaftigkeit ihres Verständnisses dessen.*

Kommentar

Geboren 450/1058 in Ṭūs/Ḫurāsān lernte Ġazālī beim Imām al-Ḥaramain al-Ǧuwainī[1] in Nīšāpūr bis zu dessen Tod 478/1085. Niẓām al-Mulk[2] übertrug ihm 484/1091 eine Professur an der Niẓāmīya in Bagdad. Aufgrund einer schweren seelischen Krise floh Ġazālī 488/1095 aus Bagdad und führte für ungefähr elf Jahre das Leben eines wandernden Asketen. 499/1106 - kurz nach dem Tode des Sultans Barkyārūq[3] - begann er wieder zu lehren, und zwar an der Niẓāmīya in Nīšāpūr. Zurückgezogen starb Ġazālī 505/1111 in seiner Heimatstadt Ṭūs.[4]
In die Zeit seiner Askese fällt auch die Entstehung des oben zitierten Werkes *Iḥyā' ʿulūm ad-dīn*, der "Wiederbelebung der Religionswissenschaften", seiner umfangreichsten Schrift. Während Ġazālī sich in seiner "skeptischen Phase"[5] vor allem mit Philosophie bzw. den geistigen Strömungen seiner Zeit auseinandersetzte (in den vier Bagdader Jahren von 484/1091-488/1095 entstanden u.a. die *Maqāṣid al-fa-*

1 Zu ihm s. EI² II, 605-606, s.v. "al-Djuwaynī".
2 EI² VIII, 69-73.
3 EI² I, 1051-1053.
4 Zu Leben und Werk s. EI² II, 1038-1041, s.v. "al-Ghazālī"; GAL I, 419-426; S I, 744-756; Glassen, Der mittlere Weg, passim, dort S.63 weitere Literaturhinweise, ebenso bei van Ess, Neuere Literatur, passim.
5 Vgl. Glassen, Der mittlere Weg, 63.

lāsifa und der *Tahāfut al-falāsifa*)[6], behandelt das *Iḥyā'* die Religion (*dīn*), worunter er "alle Belange der Menschen von den Tischsitten bis zu den Geheimnissen des Herzens"[7] versteht.[8]

Übersetzung

Ich sage - und bei Gott ist der Erfolg, Er ist der Führer durch seine Gnade zum richtigen Weg: Wisse, o gerechtdenkender Betrachter [der Materie]: Die Formulierung, welche die Ahl Muḥammad Sālim aus dem *Kitāb al-Iḥyā'* zitieren, hat folgenden Wortlaut:

> "Wenn eine Gruppe von Leuten zusammenkäme und sie einen Maǧlis schmücken würden, sie [dann] die Trinkutensilien und -becher herbeiholen, Oxymel[9] hineingießen und einen Schenk ernennen würden, der um sie herumläuft, sie dann von dem Schenk nehmen und trinken würden, dann wäre ihnen dies verboten, auch wenn das Getränk erlaubt wäre."

Kommentar

Die Ahl Muḥammad Sālim argumentieren also dahingehend, daß das Teetrinken verboten sei, weil sie in Form von verbotenen Trinkgelagen zelebriert werden.

---

6 Vgl. Glassen, Der mittlere Weg, 132.
7 Glassen, Der mittlere Weg, 65.
8 Die Übersetzungen zum *Iḥyā'* hat Bürgel, [Rezension], 370ff. zusammengestellt; eine vollständige engl. Paraphrase ist Fazul-ul-Karim, Gazzali's Ihya,; eine frz. Zusammenfassung Bousquet, Ghazâlî,.
9 S. Freytag, Lexicon, s.v. "سكنجبين"; Steingass, Dictionary, s.v. "سكنجبين *sakanǧábīn*" u. "سكنگبين *sikangubīn*"; Schmucker, Materia Medica, 242 (Nr. 395) mit weiteren Belegen: "Mischung von Zucker und Honig oder Traubensaft mit Rotessig in gleicher Gewichtsmenge". Die Vokalisationen differieren: *sakanǧabīn, sikanǧabīn, sakanǧubīn, sikanǧubīn*.

Übersetzung

[Hier] endet, was sie aus den Worten des *Iḥyā᾽* zitiert haben. Und sie haben die Überlieferung verfälscht, indem sie Anfang und Ende weggelassen haben. Sie haben nicht [lückenlos] zitiert, sondern [sogar] aus der Mitte gekürzt. Im Weggelassenen liegt der Beweis gegen sie für die Fehlerhaftigkeit ihres Verständnisses des Zitierten. Wahrlich, ich werde dir das, wenn Gott - Er ist erhaben - will, ganz klar erläutern. Ich sage bei Gott, **5a** der für das Richtige Erfolg verleiht:
Er schreibt im *Iḥyā᾽* im *Kitāb Ādāb as-samā᾿*, [im] Kapitel des Beweises für das Erlaubtsein des Anhörens (von Musik):

Kommentar

Das *Kitāb Ādāb as-samā᾿ wal-waǧd* - "Die Regeln des Anhörens (von Musik) und der Extase" - ist das 18. von insgesamt 40 Büchern, die das *Iḥyā᾽* umfaßt (das achte Buch des Abschnitts "Bräuche" - *᾿ādāt*).
Nachdem Ġazālī kurz die unterschiedlichen Standpunkte der Gelehrten bezüglich des Erlaubtseins von *samā᾿* referiert, führt er in mehreren Abschnitten dafür den Beweis. In der Passage, die diesem Zitat vorangeht, stellt er dar, daß es unmöglich sei, den Klang einer Flöte zu verbieten nur aufgrund seiner Schönheit oder seines Maßes, denn der Gesang einer Nachtigall z.B. sei ebenso angenehm wie er maßvolle Struktur besitze; der Pfeifenton basiere auf der Stimme der Nachtigall, die eine Schöpfung Gottes sei.[10]

[10] Vgl. Ġazālī, *Iḥyā᾽*, II, 422ff.; dazu die Übers. Macdonald, Emotional, 210ff.; vgl. auch Fazul-ul-Karim, Gazzali's Ihya, II, 206ff. und Bousquet, Ghazâlî, 180.

Übersetzung

"Davon ausgenommen sind nur Musikinstrumente, Saiten- und Blasinstrumente, deren Verbot das Gesetz anführt; nicht um ihres Genusses willen [sind sie verboten].",

und weiter:

"Aber Alkoholika (Weine) sind verboten, und mit ihnen das, was das Kennzeichen derjenigen ist, die [Alkohol] trinken: Saiten- und Blasinstrumente; wegen [ihrer] Folge[wirkung]", nicht wegen der Ursprünglichkeit [ihrer Existenz]. "Diese", d.h. Saiten- und Blasinstrumente "sind verboten infolge des Verbots von Wein aufgrund dreier Ursachen:

1. weil sie zum Weintrinken anregen, denn der dadurch angeregte Genuß wird nur durch Wein vollendet.
2. weil sie in Wirklichkeit eng verwandt sind mit dem Trinken von Wein. Sie erinnern bei geselligem Beisammensein daran, ihn zu trinken. Sie sind somit der Grund der Erinnerung an ihn.
3. [Die dritte Ursache ist] die Zusammenkunft zu [Musikinstrumenten], nachdem sie zum Brauch sündhafter Leute geworden ist, weil es verboten ist, sie nachzuahmen, denn 'Wer Leute nachahmt, ist einer von ihnen.' Aus diesem Grund proklamieren wir, die Sunna außer Acht zu lassen, wann immer sie zu einem Kennzeichen der Ketzer geworden ist - aus Furcht, sie (sc. die Ketzer) nachzuahmen. Und aus diesem Grund sagen wir:
   Wenn eine Gruppe von Leuten zusammenkäme und sie einen Mağlis schmücken würden, sie [dann] die Trinkutensilien und -becher herbeiholen, Oxymel hineingießen und einen Schenk ernennen würden, der um sie herumläuft und ihnen einschenkt, sie dann von dem Schenk nehmen, trinken und einander mit den Worten, die unter ihnen üblich sind, bei Stimmung halten

würden, dann wäre dies ihnen verboten, auch wenn das Getränk selbst **5b** erlaubt wäre, denn darin liegt eine Nachahmung der Ketzer. Deshalb ist sogar das Tragen des *qabā'*[11] in Ländern untersagt, in denen der *qabā'* ein Kennzeichen der Ketzer geworden ist."

Kommentar

Ġazālī selbst liefert die Erläuterungen zu diesem Zitat, dessen Wortlaut Muḥammad Yaḥyā um einiges gekürzt wiedergibt:
Besagte Musikinstrumente können nicht wegen ihres schönen Klangs verboten werden, denn das hieße, alles zu verbieten, an dem sich die Menschheit erfreut.[12]
Wegen ihrer Folgewirkung aber sind sie zu verbieten wie z.B. das Alleinsein mit einer fremden Frau verboten ist, weil es das Vorspiel zu (unerlaubtem) Geschlechtsverkehr sein kann, ebenso der Genuß auch nur geringer Mengen Alkohol: auch wenn das nicht zum sofortigen Rausch führt, so leitet es ihn doch ein.[13]
Letztgenanntes ist ein Vergleichsfall zum ersten der oben aufgeführten drei Aspekte. Analog zum zweiten Aspekt ist das Ablehnen von Utensilien, die zur Wein-

---

11 S. Lane, Dictionary, s.v.: "*[A kind of tunic, resembling the* قفطان*, generally reaching to the middle of the shank, divided down the front, and made to overlap over the chest. ...]*"; vgl. Dozy, Dictionnaire/vêtements, 352-362.

12 Ġazālī, *Iḥyā'*, II, 423; Macdonald, Emotional, 211; zum Verbot der genannten Instrumente gibt es zahlreiche Ḥadīṯe, z.B.: "*al-ǧars mizmār aš-šaiṭān*" ("Der Ton ist das Instrument des Teufels"; Ibn Ḥanbal, *Musnad*, II, 366); "*kassirū qusīyakum wa-qaṭṭi'ū autārakum*" ("Zerschneidet eure Bögen und eure Saiten"; Ibn Ḥanbal, *Musnad*, IV, 408), hier sind zwar keine Saiteninstrumente gemeint, für ein Ḥadīṯ-begründetes Verbot von *autār* reicht dies aber allemal aus.

13 Ġazālī, *Iḥyā'*, II 423; Macdonald, Emotional, 211.

herstellung verwendet werden wie *muzaffat*[14], *ḥantam*[15] und *naqīr*[16], denn ihr bloßer Anblick erinnert an das Weintrinken.[17] Der dritte Aspekt behandelt - wie gesehen - verschiedene Arten der Nachahmung verbotener Dinge, in deren Folge alle Dinge, mit denen diese Nachahmung vollzogen wird, ebenfalls verboten sind; Beispiele zitiert Muḥammad Yaḥyā nach Ġazālī, hieraus ist auch das Zitat der Ahl Muḥammad Sālim gewählt, das eingangs schon angesprochen wurde.
Es folgt eine zusammenfassende Paraphrase der Worte Ġazālīs.

Übersetzung

Das soll genügen von den Worten des Imāms al-Ġazālī. Wahrlich, ich erkläre dir ihre Bedeutung. Wisse: Er schreibt, daß Saiten- und Blasinstrumente verboten sind infolge des Verbots von Wein aufgrund dreier Ursachen:

1. weil sie zum Weintrinken einladen.
2. weil sie beim geselligen Beisammensein an das Weintrinken erinnern.
3. [Die dritte Ursache ist] die Zusammenkunft zu ihnen, d.h. zu Saiten- und Blasinstrumenten, nachdem sie zum Kennzeichen sündhafter Leute geworden ist, wenn sie Wein trinken, denn es ist verboten, sie nachzuahmen.

Er schreibt, daß diese letzte Ursache - die Nachahmung sündhafter Leute, es notwendig macht, die Sunna außer Acht zu lassen, wenn sie zu einem Kennzeichen der Ketzer geworden ist - aus Furcht, sie nachzuahmen -, und daß die Zusammenkunft - [selbst] zum erlaubten Trinken - wegen genau dieser Ursache verboten ist: [z.B.] wenn eine Gruppe von Leuten zu ihr (sc. der Zusammenkunft) zusammenkommt und sie einen Mağlis schmücken, sie dann

14 Geteertes Gefäß; s. Lane, Dictionary, s.v.
15 Tongefäß; s. Ibid.
16 Holzgefäß; s. Ibid.
17 Ġazālī, *Iḥyā'*, II 423; Macdonald, Emotional, 212.

die Trinkutensilien und -becher herbeiholen, Oxymel hineingießen und einen Schenk ernennen, der um sie herumläuft und ihnen einschenkt, sie dann von dem Schenk nehmen, trinken und einander mit den Worten, die unter ihnen üblich sind, bei Stimmung halten.
Er schreibt, daß diese Zusammenkunft in dieser Form verboten ist, auch wenn das Getränk selbst, zu dem sie zusammengekommen sind, erlaubt ist, denn in der Zusammenkunft - [selbst] um des erlaubten Trinkens willen - **6a** in dieser erwähnten Form liegt die Nachahmung sündhafter Leute und Ketzer, auch ohne daß Blasinstrumente und Weintrinken [mit im Spiel wären].
Dies ist die Bedeutung seiner Worte. Sie ist weit entfernt von dem Verbot des Teetrinkens, das die Ahl Muḥammad Sālim darunter verstanden haben, und das wegen fünfer Aspekte:

1. Die Worte Ġazālīs sind deutlich bezüglich [der Tatsache], daß die Ursache des Verbots der Zusammenkunft - [selbst] um des erlaubten Trinkens willen - in dieser erwähnten Form die Nachahmung sündhafter Leute und Ketzer ist. Diese Ursache findet man nicht bei den Teetrinkern, denn sie bezwecken - dadurch, daß sie ihn trinken - nicht die Gleichheit mit dem Weintrinken, denn sie kommen nicht - um ihn zu trinken - zusammen in dieser von al-Ġazālī erwähnten Form. Und wenn sie [doch] - um ihn zu trinken - so zusammenkommen, so bezwecken sie [trotzdem] nicht die Nachahmung der Weintrinker. Das Verbotene - wie al-Ġazālī schreibt - ist nur die Nachahmung sündhafter Leute und Ketzer oder Weintrinker, nicht die bloße Form der Zusammenkunft. "Nachahmung" bedeutet sprachlich "Intention zum Abbild", denn sie ist eine Verbform, gebildet aus "Abbild". Das beweist die Intention der Gleichheit.

Kommentar

Der Kern dieser Aussage ist, daß im Wort *tašabbaha* die Intention *qaṣd* implizit sei.
Vom Wort *šibh* ("Gleichheit, Ähnlichkeit; Abbild") abgeleitet ist ein denominativer II. Stamm *šabbaha* ("gleich, ähnlich machen") und davon der reflexive V. Stamm *tašabbaha* ("s. vergleichen; nachahmen").
Die Aussage Muḥammad Yaḥyās ist zumindest ungenau. Rein sprachlich bedeutet *tašabbaha* nur "(etw. od. j-n) nachahmen", und das kann wissentlich oder unwissentlich geschehen, obschon das bewußte, sprich intendierte Nachahmen sicherlich im Vordergrund steht, denn der V. Stamm heißt auch "s. vergleichen (mit)", was eindeutig aktiv und wissentlich impliziert.

Übersetzung

Was die erwähnte Form der Zusammenkunft angeht, so ist der Ursprung in ihr die Erlaubnis. Ihretwegen ist sie (sc. die Form) nicht verboten, wenn sie [auch] etwas Verbotenes einschließt oder diejenigen, die sie praktizieren, in ihrer Form, in der sie ihren Wein trinken, mit ihr die Gleichheit mit den Weintrinkern bezwecken. Wer sie praktiziert - im Falle des Honigtrinkens beispielsweise - mit der Intention der Gleichheit mit dem Weintrinken, für den ist das Verbotene nur die Nachahmung, nicht das Honigtrinken selbst, denn das ist qua Konsens erlaubt. Es ist nicht möglich, daß es verkehrt wird in etwas Verbotenes mit dieser schlechten Absicht. Aber derjenige, der ihn mit dieser Absicht trinkt, ist einer, der Verbotenes - die Nachahmung des Weintrinkens - und Erlaubtes - das Honigtrinken - in sich vereint. Gott weiß es am besten!

Kommentar

Al-aṣl fī l-ašyā' al-ibāḥa ist einer der Grundsätze des islamischen Rechts. "Der Ursprung in den Dingen ist die Erlaubnis", d.h. alles, was das Gesetz (*šarʿ*) nicht ausdrücklich verbietet, ist erlaubt (*mubāḥ*).[18] Aufgrund dessen ist zunächst davon auszugehen, daß die Form der Zusammenkunft erlaubt sei; nur wenn die Nachahmung beabsichtigt wird, liegt etwas Verbotenes vor, welches aber auch dann nur die Nachahmung an sich sei, nicht der Tee selbst.

Übersetzung

2. Ġazālī **6b** schreibt in seinen erwähnten Worten: "Wenn eine Gruppe von Leuten zusammenkäme und sie einen Maǧlis schmücken würden, sie [dann] die Trinkutensilien und -becher herbeiholen würden" usw.
Er stellt das Herbeiholen der Trinkutensilien und -becher sowie das Schmücken des Maǧlis als Merkmale der Form der Zusammenkunft dar, welche das Kennzeichen sündhafter Leute ist. Dabei muß man wissen, daß die Teetrinker, um ihn zu trinken, nicht einen Maǧlis schmücken, sondern an jedem Ort, der ihnen zufällig unterkommt, sitzen [können], und daß sie nicht die Weintrinkutensilien und -becher herbeiholen und aus ihnen auch keinen Tee trinken.
Der Sinn der Worte Ġazālīs ist, daß er mit den Trinkutensilien und -bechern die Weintrinkutensilien und -becher meint, denn das Wort "Trinken", wenn es im Zusammenhang mit Mißbilligung im Rahmen eines Schriftstücks mit wahren gesetzlichen Sachverhalten verwendet wird, tendiert üblicherweise zu Weintrinken. Darin liegt eine gewohnheitsrechtliche Realität.

---

[18] Baradie, Gottes-Recht, 62; Qaradawi, Erlaubtes, 19, 21ff.; vgl.a. EI² III, 660-662, s.v. "ibāḥa (I)".

Es gibt keinen Zweifel, daß die Teetrinker nicht die Weintrinkutensilien im Falle ihres Teetrinkens herbeiholen und daß sie ihn nicht aus Weinbechern trinken. Er (sc. al-Ġazālī) gibt an, daß er mit den Bechern Weinbecher meint.
Sein folgendes Wort ist: "und sie Oxymel hineingießen (würden)". Oxymel wird normalerweise bei den Frevlern unter den Leuten des Westens ausschließlich aus Weinbechern - [dort] sind es Glasflaschen - getrunken.
Das Resultat ist, daß die Worte Ġazālīs weit entfernt sind von dem Verbot des Teetrinkens, das die Ahl Muḥammad Sālim darunter verstanden haben. Gott weiß es am besten!

Kommentar

Muḥammad Yaḥyā meint, daß die Teetrinker das Teetrinken nicht in der beschriebenen Form zelebrieren, daß sie deshalb dabei auch niemanden nachahmen. Im übrigen seien die beschriebenen Trinkutensilien ausdrücklich Weintrinkutensilien, also ausschließlich für das Weintrinken vorgesehen. Das gehe aus dem Zusammenhang bei Ġazālī hervor. Auch sei *šurb* im speziellen rechtlichen Sachverhalt immer *šurb al-ḫamr*.
Letzteres ist nicht zwangsläufig der Fall, denn auch hier ist von *šurb atāy* und *šurb as-sakanǧabīn* die Rede.
Auch ist nicht einleuchtend, warum *ālāt aš-šurb wa-aqdāḥuhū* unbedingt Weintrinkutensilien und -becher sein müssen. *Qadaḥ* ist jedenfalls im modernen Hocharabisch auch das (Tee)glas[19], im klassischen Arabisch ein Trinkgefäß allgemein[20] und im Ḥassānīya die Kalebasse[21]; *āla* ("Instrument; Werkzeug") ist absolut

[19] Vgl. Wehr, Wörterbuch, s.v.
[20] Vgl. Lane, Dictionary, s.v.
[21] Vgl. Pierret, Etude, 159.

wertneutral.
Es ist unklar, was Muḥammad Yaḥyā unter *sakanǧabīn* versteht. Hier scheint es zunächst, als würde er es für ein alkoholisches Getränk halten, welches wie Wein aus Flaschen getrunken wird. Im folgenden kommt Muḥammad Yaḥyā noch ausführlich darauf zu sprechen.

Übersetzung

3. Sein Wort: "und sie Oxymel hineingießen (würden)": Er stellt das Eingießen des Oxymels in die Becher als Vollendung der Form der Zusammenkunft dar, die das Kennzeichen sündhafter Leute beim Weintrinken ist. Oxymel ist bei uns bekannt als *misk aǧīr*[/*(a)ǧbīr*]. Die Leute des Westens nehmen ihn als wärmendes Getränk für ihren Körper, sie geben Zucker dazu. Die Sünder trinken ihn **7a** aus Weinbechern, aus denen normalerweise [Wein] getrunken wird. Das sind Glaskrüge, die bei uns als *(u)bbāš* (Flaschen), Singular *būš*,[22] bekannt sind. Dabei muß man wissen, daß die Teetrinker kein Oxymel in die Teegläser gießen, daß sie ihn (sc. den Tee) nicht mit ihm mischen und daß sie ihn nicht einzeln aus seinen gewöhnlichen Bechern trinken.
Die erwähnten Worte Ġazālīs sind bei ihnen nicht angekommen.

Kommentar

Auch hier bleibt unklar, was Muḥammad Yaḥyā unter *sakanǧabīn* versteht. Im arabischen Mittelalter wurde Oxymel als fiebersenkendes Mittel eingesetzt; auch

22 Ḥassānī für: "Flasche"; s. Taine-Cheikh, Dictionnaire, I, 161, s.v. "bûš" (Pl. "ḅḅâš") und Pierret, Etude, 160: "bouteille".

soll es den Durst löschen.[23] Jedenfalls kommt es nicht als wärmende Arznei zum Einsatz, im Gegenteil. Die Lesung des Wortes nach "*misk*" (fol. 6b, Z. 20) bleibt im dunkeln. Zwei Varianten sind denkbar: 1. اجير/*aǧīr* und 2. اجبير/*(a)ǧbīr*. Im zweiten Falle wäre das Alif ein graphisches zur Auflösung der Doppelkonsonanz am Anfang des Wortes, wie es im Ḥassānīya üblich ist. Es konnte auch nicht geklärt werden, ob zwischen ج und ر ein oder zwei Buchstaben und zwei oder drei Punkte darunter zu lesen sind. Der Verleich mit ähnlichen Schriftzügen im MS führte nicht weiter. Derivate der Wurzeln *ʾ-ǧ-r* und *ǧ-b-r* ergeben keinen Sinn.[24]

Muḥammad Yaḥyā hält *sakanǧabīn* also für eine bestimmte Art von Moschus. Dieser hat in der Tat wärmende Wirkung: "Der Moschus ist (macht) heiss und trocken im dritten Grade, ... nützt ... gegen kalte (chronische) Krankheiten im Kopfe."[25]

Nicht eindeutig ist auch die Passage "يجعلون فيها السكر" (fol. 6b, Z. 21). Neben der Übersetzung "sie geben Zucker dazu" (*yaǧʿalūna fīhā s-sukkar*) ist auch denkbar: "sie bewirken durch ihn Rausch" (*yaǧʿalūna fīhā s-sukr*).

Übersetzung

4. Er erwähnt, daß die Vertreter der dargestellten Form der Zusammenkunft einander - im Falle ihres Trinkens

[23] So z.B. Sābūr b. Sahl (st. 255/869; GAS III, 244), *Dispensatorium*, 184f. (Nr. 335), 132, 136 u.a.; vgl. Achundow, Grundsätze, 240; s.a. Rāzī, *Manāfiʿ*, 89f.; Muḥammad b. Zakarīyāʾ ar-Rāzī (st. 313/925; GAS III, 274-294) verfaßte sogar ein Werk, das sich ausschließlich mit den nützlichen Eigenschaften von Oxymel befaßt (*Manāfiʿ as-sakanǧubīn*; GAS III, 288), was die Bedeutung dieses Arzneimittels im Mittelalter dokumentiert.

[24] Vgl. die Einträge in den zitierten Wörterbüchern.

[25] Achundow, Grundsätze, 141.

- mit unter ihnen üblichen Worten bei Stimmung halten. Wohl liegt in jenen Worten - von der Aussage her - eine Ungeheuerlichkeit. Nicht so die Teetrinker, denn sie halten nicht einander - im Falle ihres Teetrinkens - mit unter ihnen üblichen Worten bei Stimmung, und auch nicht mit unter den Weintrinkern üblichen Worten, wenn sie ihn trinken.

Kommentar

Auch für den vierten Aspekt gilt das zu Punkt zwei gesagte: daß die Teetrinker das Teetrinken nicht auf vergleichbare Weise zelebrieren.

Übersetzung

5. Die Worte Ġazālīs erfordern durch ihren Sinn, die Form der Zusammenkunft als Ursache für das Verbot des Weins [anzusehen], oder [zumindest] als einen Teil der Ursache seines Verbots: wo er schreibt, daß Blas- und Saiteninstrumente verboten sind infolge des Verbots von Wein wegen dreier Ursachen. Er zählt die Zusammenkunft zu ihnen (sc. den Musikinstrumenten), die zu einer Gewohnheit sündhafter Leute bei ihrem Weintrinken geworden ist, zu jenen Ursachen [allein] wegen ihrer Existenz. Dies ist falsch qua Konsens. Die Autoritäten sind sich darüber einig, daß die Ursache des Verbots, ihn (sc. den Wein) zu trinken, die berauschende Wirkung ist, d.h. das Aussetzen des Verstandes, aber die (sc. die Ursache[nbeziehung]) ist mono[kausal] und nicht zusammengefügt (also multikausal) aus der berauschenden Wirkung und der Zusammenkunft in der erwähnten Form. Er (sc. al-Ġazālī) zeigt, daß er der Ansicht ist, die erwähnte Form der Zusammenkunft sei eine Ursache für das Verbot des

Weins oder [zumindest] ein Teil der Ursache seines Verbots. Seine Analogie der Zusammenkunft zum erlaubten Trinken mit der Zusammenkunft zum Weintrinken [führt ihn] zum Verbot der erwähnten Form [der Zusammenkunft] allgemein.
7b Dies ist ein falscher Analogieschluß, denn das Verbot des Weintrinkens steht fest durch den definitiven Text: den Koran und die in ununterbrochener Folge überlieferte Sunna. Die definitive Ursache, über die Einigkeit besteht, ist die berauschende Wirkung.

Kommentar

Es sieht so aus, als hätte Muḥammad Yaḥyā die entscheidende Textstelle, aufgrund derer er annimmt, daß Ġazālī die Form der Zusammenkunft als Ursache für das Verbot des Weins ansieht, falsch verstanden.
Fa-hiya (sc. al-autār wal-mazāmīr) muḥarrama tabaʿan li-taḥrīm al-ḫamr li-ṯalāṯ ʿilal heißt wörtlich: "Diese (sc. Saiten- und Blasinstrumente) sind verboten infolge des Verbots (oder: entsprechend dem Verbot) von Wein aufgrund dreier Ursachen". Daraus läßt sich wohl nicht lesen, daß Ġazālī die Ursachen des Verbots besagter Instrumente gleichsetzt mit der oder den (nichtgenannten) Ursachen des Verbots von Wein - so versteht Muḥammad Yaḥyā es. Vielmehr ist *tabaʿan li* ("entsprechend; infolge") wohl eher dahingehend zu interpretieren, daß Ġazālī grundsätzlich das Weinverbot als Prämisse für seine Ausführungen über das Verbot bestimmter Musikinstrumente ansieht und sich über die monokausale Ursachenbeziehung zwischen der *berauschenden Wirkung* und dem *Verbot* durchaus im klaren ist, also sinngemäß meint: "Unter der Voraussetzung, daß Wein verboten sei, [was definitiv so ist,] sind Saiten- und Blasinstrumente verboten aufgrund dreier

Ursachen: ..." Daß Ġazālī die Form der Zusammenkunft als Ursache oder Teil der Ursache für das Verbot von Wein ansehe, erscheint damit nicht sehr plausibel.
Wenn man annähme, Ġazālī könne es doch so gemeint haben, dann wäre es - nach Muḥammad Yaḥyās Ausführungen - in der Tat ein falscher Analogieschluß. Aber die Tatsache, daß Ġazālī sich in dem Fall einen solchen geleistet hätte, was zunächst einmal nicht anzunehmen ist, belegen aber eher die oben geäußerte These.
Die folgende ausführliche Auslegung dieses Problems wäre damit im Grunde genommen hinfällig, daher soll sie auch nicht mehr ausführlich kommentiert werden; der Text an sich ist eindeutig und verständlich.

Übersetzung

Die Zusammenkunft zu seinem Trinken in der erwähnten Form ist [sehr wohl] ein verabscheuungswürdiges Merkmal, das im Urteil - dem Verbot - [aber] weder eine Existenz noch eine Nichtexistenz zur Folge hat, d.h. daß ihre Existenz (sc. die der Zusammenkunft) nicht unbedingt die Existenz des Weinverbots nach sich zieht, denn das war vor ihm existent durch den definitiven Text und die definitive Ursache; ihre Nichtexistenz zieht nicht unbedingt die Nichtexistenz des Weinverbots nach sich, denn es ist [schlichtweg] verboten, Wein zu trinken, auch wenn der Mensch ihn allein für sich auf dem Boden seines Hauses trinken würde. Wenn die Form der Zusammenkunft, die al-Ġazālī erwähnt, daß Saiten- und Blasinstrumente ihretwegen (sc. wegen der Form) verboten seien infolge des Weinverbots, die Ursache oder ein Teil der Ursache des Weinverbots wäre, dann würde **8a** sein Verbot (sc. das des Weins) verschwinden mit ihrem (sc. der Ursache) Verschwinden, denn das in einer mono[kausalen]

Ursache[nbeziehung] begründete Urteil verschwindet mit ihrem Verschwinden, und das in einer multi[kausalen] Ursache[nbeziehung] begründete Urteil verschwindet mit dem Verschwinden eines Teils von ihr. Diesem Wort Ġazālīs wohnt inne, daß ein genuin erlaubtes Getränk wie Milch oder Honig bald verboten sei - dies, wenn eine Gruppe von Leuten es in der erwähnten Form trinkt - und bald erlaubt - dies, wenn ein Mensch es allein für sich trinkt. Ebenso Wein: Wenn eine Gruppe von Leuten ihn in der erwähnten Form trinkt, dann sei dies ihnen verboten. Und wenn ein Mensch ihn allein für sich trinkt, dann sei es erlaubt, denn die Form der Zusammenkunft sei die Ursache des Verbots oder ein Teil seiner Ursache. Mit dem Verschwinden der Ursache des Urteils oder eines Teils von ihr verschwinde die Urteilswirkung. Dies alles ist falsch.

Siehe, es kommt in der Offenbarung nicht vor, weder in Koran, noch in Sunna, daß die Zusammenkunft zum erlaubten Trinken in der erwähnten Form verboten sei. Richtig ist [dagegen], daß die erwähnte Form nicht verboten ist, außer wenn eine Gruppe von Leuten, die sie praktiziert, die Weintrinker in ihrer Form im Falle seines Trinkens nachahmt, d.h. darin ihre Nachahmung bezweckt als Verschönerung ihres Zustandes und aus Gefallen an ihm. Diese Nachahmung ist für sie verboten wegen seines Wortes - Gott segne ihn und schenke ihm Heil!: "Wer Leute nachahmt, ist einer von ihnen." Abū Dāwūd überliefert es (sc. das Ḥadīṯ) mit einer guten Überliefererkette. Was die Zusammenkunft zum erlaubten Getränk selbst - ohne eine Nachahmung schlechter Leute - angeht, so wird niemand sein Verbot aussprechen. Gott weiß es am besten!

Kommentar

Die Grundaussage dieses fünften Aspekts ist erneut: Die Form der Zusammenkunft selbst ist nicht per se verboten, denn eine Nachahmung ist - unter der Voraussetzung, daß das Getränk erlaubt ist - nur dann unlauter, wenn sie auch (wissentlich) intendiert ist. Da Koran und Sunna speziell darüber nichts enthalten, gilt also: *al-aṣl fī l-ašyā' al-ibāḥa* ("Der Ursprung in den Dingen ist die Erlaubnis").

Übersetzung

3. Abschnitt: **8b** *Über die Erklärung der Bedeutung der Worte Ibn al-Ḥāǧǧs in seinem* Madḫal, *die Erklärung der Fehlerhaftigkeit des Verständnisses der Ahl Muḥammad Sālim dessen und die Erklärung, daß das Ḥadīṯ, das Ibn al-Ḥāǧǧ anführt, ein Unechtes*[1] *ist, das keine Überliefererkette besitzt.*

Kommentar

Muḥammad b. Muḥammad al-ʿAbdarī aus Fās, bekannt als Ibn al-Ḥāǧǧ, starb 737/1336 in Kairo. Zu seinen Schülern zählte der berühmte Rechtsgelehrte Ḫalīl b. Isḥāq[2], der Verfasser des *Muḫtaṣar*, des wohl am häufigsten kommentierten Fiqh-Werkes der Mālikīya.[3]
Sein Hauptwerk, das *K. al-Madḫal* ("Das Buch des Benehmens"), ist ein klassisches Furūʿ-Werk. Ibn Ḥaǧar schreibt dazu: "Sehr nützlich; er untersucht darin Laster und (ketzerische) Neuerungen, welche die Leute ausüben und mit denen sie sorglos umgehen."[4] Alle klassischen "Zweige" des Fiqh werden - ausgehend von den Neuerungen - in diesem Buch durchexerziert: *ʿibādāt*[5] (Waschung, Gebete, Feste etc.) und *muʿāmalāt* (z.B. die richtige Behandlung von Krankheiten).

---

1 Zu *mauḍūʿ* in der Ḥadīṯkritik vgl. EI² III, 26, s.v. "ḥadīth" (S. 23-28).

2 Zu ihm s.o.S.57, Anm.27.

3 Zu Ibn al-Ḥāǧǧ: GAL II, 83; S II, 95; Ziriklī, Aʿlām⁶, VII, 35; Maḫlūf, *Šaǧara*, 218 (Nr. 769); s.a. Ould Bah, Littérature, Grafik zw. S. 26 u. 27.

4 Ibn Ḥaǧar, *Durar*, IV, 335f.: *kaṯīr al-fawāʾid, kašafa fīhi ʿan maʿāyib wa-bidaʿ yafʿaluhā n-nās wa-yatasāhalūna fīhā.*

5 Der erste Abschnitt lautet: "Abschnitt über das Anspornen dazu, daß in jeder Tat eine (gute) Absicht gegenwärtig sein möge" (*faṣl fī t-taḥrīḍ ʿalā l-afʿāl kullihā an takūna bi-nīya ḥāḍira*); die *nīya* spielt bei Ibn al-Ḥāǧǧ eine wesentliche Rolle.

Übersetzung

Ich sage - und bei Gott ist der Erfolg, Er ist der Führer durch seine Gnade zum richtigen Weg: Wisse, o gerechtdenkender Betrachter [der Materie]: Die Formulierung, welche die Ahl Muḥammad Sālim aus dem *Kitāb al-Madḫal* zitieren, hat folgenden Wortlaut:

> Abū Huraira berichtet: "Der Prophet - Gott segne ihn und schenke ihm Heil - hat gesagt: Wenn ein Diener (Gottes) Wasser trinkt als Abbild eines berauschenden Getränks, dann ist jenes Wasser für ihn verboten."

Kommentar

Die Ahl Muḥammad Sālim argumentieren, daß Tee verboten sei, weil er als Abbild eines berauschenden Getränks getrunken werde, analog zum Wasser im vorgebrachten Ḥadīṯ.

Übersetzung

[Hier] endet, was sie aus dem *Kitāb al-Madḫal* zitiert haben. Und sie haben die Überlieferung verfälscht, indem sie den Anfang der Worte weggelassen haben. Im Weggelassenen liegt der Beweis gegen sie für die Fehlerhaftigkeit ihres Verständnisses dessen. Wahrlich, ich werde dir die Worte des Autors des *Madḫal*, der sie in dieser Bedeutung anführt, zitieren, und ich werde dir seine Bedeutung ganz klar erläutern. Der Autor des *Madḫal* schreibt:

> "Abschnitt: Es obliegt dem Verpflichteten, daß er sich selbst bewahrt durch die Tat und andere durch das Wort

vor dieser schändlichen Eigenschaft, die eine verbreitete Heimsuchung geworden ist und da sei:
Wenn ein Mann eine Frau sieht und er Gefallen an ihr findet, er [dann] zu seiner Gattin kommt [und] sich jene Frau, welche er [zuvor] gesehen hat, vorstellt, [während er mit ihr (sc. seiner Gattin) Geschlechtsverkehr hat]. Das ist eine Form von Ehebruch wie unsere Gelehrten - Gott erbarme sich ihrer - [schon] über denjenigen sagten, der einen Krug nimmt, aus dem er Wasser trinkt, und dann die Vorstellung erzeugt, daß das, was er trinkt, Wein sei. Dieses Wasser wird für ihn verboten. Dies gehört zu dem, was eine verbreitete Heimsuchung geworden ist. [Das geht] sogar soweit, daß einer, den ich für vertrauenswürdig halte, einmal zu mir gesagt hat, **9a** daß er diesbezüglich jemanden, den man mit Wissenschaft in Verbindung bringt, um ein Rechtsgutachten gebeten hat. Der gab ihm dann folgendermaßen Aufschluß: 'Wenn er sich diejenige, die er gesehen hat, vorstellt beim Geschlechtsverkehr mit seiner Ehefrau, dann wird er dafür belohnt.' Und er begründete es, indem er sagte: 'Wenn er dies tut, dann erhält er seinen Glauben.' »Wir gehören Gott, und zu ihm kehren wir (dereinst) zurück.« mit der Existenz der Unwissenheit und der Existenz der Unwissenheit über die Unwissenheit.",

und weiter:

"Aṭ-Ṭurṭūšī erwähnt darüber ein Ḥadīṯ nach Abū Huraira, daß der Prophet - Gott segne ihn und schenke ihm Heil - gesagt habe: 'Wenn ein Diener (Gottes) Wasser trinkt als Abbild eines berauschenden Getränks, dann ist jenes Wasser für ihn verboten.'"

Kommentar

Dieses Zitat aus dem *Madḫal* findet sich im Kapitel *Ādāb al-ǧimāʿ* ("Die Regeln des Geschlechtsverkehrs"). Ibn al-Ḥāǧǧ empört sich hier über die Nachlässigkeit der Muslime, die im Umgang mit den islamischen Regeln seiner Zeit nicht mehr so genau seien. Deren Mißachtung gehe sogar soweit, daß Gelehrte diese Schändlichkeiten in Rechtsgutachten rechtfertigen. Ibn al-Ḥāǧǧ setzt die Vorstellung des Mannes, der beim Geschlechtsverkehr mit seiner Ehefrau an eine Fremde denkt, in Analogie zu demjenigen, der Wasser trinkt, sich aber Wein vorstellt; daraus resultiere ein Verbot dieses Wassers.

Übersetzung

Das soll genügen von den Worten des Autors des *Madḫal*. Darin liegt die Erklärung, daß das verbotene Merkmal beim erwähnten Trinken von Wasser in seinen Worten die Vorstellung des Trinkenden ist, daß das, was er trinkt, Wein sei, d.h. die Vorspiegelung dessen in seinem Herz, bis es wird, als wäre es so.
Diese Bedeutung ist weit entfernt davon, was die Ahl Muḥammad Sālim darunter verstanden haben, daß es [nämlich] das Verbot des Teetrinkens beweise.
Ihre Schlußfolgerung daraus auf das Verbot des Teetrinkens ist eine Zitation ohne Quelle und eine Folgerung aus etwas Unbewiesenem, denn die Teetrinker erzeugen nicht die Vorstellung - wenn sie ihn trinken - daß das, was sie trinken, Wein sei.
Die erwähnte Beweisführung der Ahl Muḥammad Sālim ist nutzlos[6], denn das Merkmal - die Basis des Verbots - in den Worten Ibn al-Ḥāǧǧs - der Vorstellung des Wassertrinkenden, daß das, was er trinkt, Wein sei - **9b** findet man nicht bei den Teetrinkern. Mit seinem Ver-

6 Wörtl.: ein Schnitt in etwas Unzerteilbares und ein Schlag auf kaltes Eisen.

schwinden verschwindet [auch] das Urteil - das Verbot. Siehe, niemand wird ein Verbot von Wasser aussprechen, wenn er (sc. der Wassertrinker) sich freimacht von diesem Merkmal. Dieses Merkmal bezieht sich nicht nur auf Wasser und Tee, sondern auch auf Milch, Honig und andere erlaubte Getränke. Wenn derjenige, der es trinkt, die Vorstellung erzeugt, daß das, was er trinkt, Wein sei, so ist ihm diese Vorstellung verboten aufgrund seines Wortes - Gott segne ihn und schenke ihm Heil: "Wer Leute nachahmt, ist einer von ihnen." Abū Dāwūd überliefert es (sc. das Ḥadīṯ) mit einer guten Überliefererkette.
Was das Getrunkene selbst angeht - Wasser, Honig, Milch oder Tee - so ist es nicht mit einem Verbot [behaftet], gleich ob die erwähnte Vorstellung es begleitet oder nicht. Aber wenn die erwähnte Vorstellung es begleitet, dann vereint der Trinkende etwas Verbotenes - die erwähnte Vorstellung - und etwas Erlaubtes - das Trinken von Wasser oder Honig. Er sündigt nur hinsichtlich der Vorstellung. Siehe, es ist nicht möglich, daß Wasser oder Honig verkehrt wird in etwas Verbotenes, nachdem es [schon einmal] erlaubt war. Gott weiß es am besten!

Kommentar

In diesem Kapitel argumentiert Muḥammad Yaḥyā analog zu den vorangegangenen. An die Stelle der Intention (*qaṣd*) bzw. Absicht (*nīya*), etwas Verbotenes zu tun oder einen Ungläubigen darin nachzuahmen, tritt hier die Vorstellung (*at-taṣwīr baina ʿainaihi*) einer verbotenen Handlung bzw. Sache beim Vollzug von etwas Erlaubtem. Die (erlaubte) Handlung, beispielsweise der Geschlechtsverkehr mit der Ehefrau, oder das (erlaubte) Gut selbst, sei es Wasser, Tee o.ä., sei und bleibe dabei aber erlaubt (*mubāḥ*).

Übersetzung

Was das im *Madḫal* auf aṭ-Ṭurṭūšī zurückgeführte Ḥadīṯ angeht, der es nach Abū Huraira tradiert, so ist es ein Unechtes, das jeder Grundlage entbehrt. [Verschiedene] Dinge beweisen dies:

1. Aṭ-Ṭurṭūšī gehört nicht zu den Leuten der *riwāya*, denn die bricht vor ihm ab, denn er wurde im Jahre 451[1059] geboren und starb im Jahre 520[1126]. Ibn Ḫallikān schreibt das so in den *Wafayāt al-aʿyān*. Und wenn wir voraussetzen würden, daß er zu ihnen gehört, so führt er zu diesem Ḥadīṯ [doch] keine Überliefererkette an. Und die ist gleich am Anfang unterbrochen, denn zwischen ihm und Abū Huraira liegen vier Jahrhunderte und ein Prophet[enleben].

Kommentar

Riwāya heißt im allgemeinen: Überlieferung durch das gesprochene Wort[7]. In dieser Bedeutung verwendet Muḥammad Yaḥyā wohl diesen Terminus. Im 3./9.-4./10. Jahrhundert setzt sich Schriftlichkeit allgemein durch, so daß aṭ-Ṭurṭūšī nicht zu denen zu zählen ist, die noch orale Tradition pflegten, zumal er eben auch keinen *isnād* zu seinem Ḥadīṯ anführt.
Muḥammad b. al-Walīd aṭ-Ṭurṭūšī, genannt Ibn Abī Randaqa, aus Tortosa am Ebro-Delta, dessen Lebensdaten Muḥammad Yaḥyā hier nach Ibn Ḫallikān zitiert, war ein angesehener malikitischer Rechtsgelehter; er ging früh in den Nahen Osten und starb schließlich in Alexandria.[8]

---

7 Vgl. EI² VIII, 545-547, s.v.
8 GAL I 459; S I, 829f.; Ziriklī, Aʿlām⁶, VII, 133f.; vgl. Ibn Ḫallikān, *Wafayāt*, IV, 262ff. (Nr. 605); s.a. Ould Bah, Littérature, Grafik zw. S. 26 u. 27.

Neben dem umfangreichen Fürstenspiegel *Sirāǧ al-mulūk* liegt ein *K. al-Ḥawādiṯ wal-bidaʿ* in mehreren Editionen vor;[9] dort findet sich oben zitiertes Ḥadīṯ nicht.

Übersetzung

2. Er führt das Ḥadīṯ weder auf eines der "starken" noch eines der "schwachen" Traditionswerke zurück. Und ein unbelegtes Ḥadīṯ verdient für das Gesetz keine Beachtung bei den Rechtsgelehrten.
3. Wir haben nach ihm (sc. dem Ḥadīṯ) gesucht in den Ḥadīṯkompendien, dann im großen *Musnad* des Imāms Aḥmad[10]. Ich habe nach ihm gesucht bei den Überlieferungen Abū Hurairas **10a** im *Musnad*, da haben wir es nicht gefunden. Ich habe nach ihm gesucht im *Muntaḫab Kanz al-ʿummāl fī bayān sunan al-afʿāl wal-aqwāl* des Muttaqī al-Hindī[11], da habe ich ihn nicht gefunden - und das ist ein umfassendes Werk von "starken", guten und sonst auf irgendeine Weise zu berücksichtigenden Ḥadīṯen; sein Autor hat darin den *Ǧāmiʿ al-kabīr* des Imāms as-Suyūṭī zusammengefaßt.[12] Ich habe nach ihm beim Buchstaben Hamza des *Ǧāmiʿ aṣ-*

9 Z.b. Beirut 1410/1990 (Ed. ʿAbdalmaǧīd Turkī).

10 Aḥmad b. Ḥanbal, der Verfasser des in diversen Editionen vorliegenden *Musnad* und Begründer der ḥanbalitischen Rechtsschule, starb 241/855 (GAS I, 502ff.; GAL I, 181f.; S I, 309f.; Ziriklī, Aʿlām⁶, I, 203).

11 ʿAlī b. ʿAbdalmalik, genannt al-Muttaqī, al-Hindī starb 975/1567 (GAL II, 384f; S II, 518f.; Ziriklī, Aʿlām⁶, IV, 309). Der überaus umfangreiche *Kanz al-ʿummāl ilḫ.* wurde mehrmals herausgegeben (u.a. in Hyderabad 1312/1894-1315/1897 und 1364/1945-1395/1975), der erwähnte Auszug *Muntaḫab* liegt ebenfalls gedruckt vor (am Rande des *Musnad* von Ibn Ḥanbal, [Nachdruck:] Beirut 1398/1978).

12 Zur Entstehung bzw, Ordnung des *Kanz al-ʿummāl* s. GAL S II, 519.

ṣaġīr von as-Suyūṭī[13] gesucht, da haben wir es nicht gefunden. Ich habe nach ihm gesucht im *Kitāb Muntaqā l-aḫbār* von Maǧdaddīn ʿAbdassalām b. ʿAbdallāh, bekannt als Ibn Taimīya[14] - und das ist ein umfassendes Werk für alle Rechtsḥadīṯe, da habe ich es nicht gefunden. Ich habe nach ihm gesucht im *Fatḥ al-bārī ʿalā Šaḥīḥ al-Buḫārī*[15], darin im Buch der Speisen und Getränke, da habe ich es nicht gefunden.

Kommentar

Hier zeigt sich erneut die Belesenheit Muḥammad Yaḥyās, der sich offensichtlich einige Mühe gemacht hat, um besagtes Ḥadīṯ aufzuspüren.

Übersetzung

Deswegen sage ich, daß es unecht ist und - wenn wir voraussetzen würden, daß es sich um ein "starkes" Ḥadīṯ handelt - so enthält es doch keinen Hinweis auf ein Verbot von Teetrinken, denn er begründet das Verbot von

13 Der berühmte Ǧalāladdīn as-Suyūṭī (ʿAbdarraḥmān b. Abī Bakr), dem ca. 600 Werke zugeschrieben werden, starb 911/1505 (GAL II, 143ff.; S II, 178ff.; Ziriklī, Aʿlām[6], III, 301f.). Der *Ǧamʿ al-ǧawāmiʿ*, bekannt als *al-Ǧāmiʿ al-kabīr*, liegt in einer Azhar-Edition vor ([Kairo] 1390/1970-1405/1984); der *Ǧāmiʿ aṣ-ṣaġīr* in diversen Editionen (z.B. Kairo 1373/1954).

14 Ibn Taimīya starb 652/1254 (GAL I 399; S I 690; Ziriklī, Aʿlām[6], IV, 6). Das erwähnte Werk ist unter dem Titel *al-Muntaqā min al-aḫbār al-muṣṭafā* herausgegeben worden (Miṣr 1350/1931-1351/1932; [Nachdruck:] Beirut 1398/1978). Sehr bekannt ist ein Kommentar zu diesem Werk: der *Nail al-auṭār ilḫ.* des Muḥammad b. ʿAlī aš-Šaukānī.

15 Das ist der *Fatḥ al-bārī* des Ibn Ḥaǧar al-ʿAsqalānī (st. 852/1449; GAL II, 67ff.; S II 72ff.; Ziriklī, Aʿlām[6], I, 178f.), ein umfangreicher Kommentar zum *Ṣaḥīḥ* des Buḫārī, auf den Muḥammad Yaḥyā in Abschnitt 4 noch zurückkommen wird.

Wasser für denjenigen, der es trinkt, damit, daß, wenn er es trinkt als Abbild eines berauschenden Getränks - d.h. als Abbild des Trinkens eines berauschenden Getränks -, er also beim Wassertrinken die Trinker berauschender Getränke nachahmt, [er dann etwas Verbotenes tut].

[Es besteht] kein Zweifel, daß die Teetrinker ihn nicht trinken als Abbild eines berauschenden Getränks und daß sie bei ihrem Teetrinken nicht die Trinker berauschender Getränke nachahmen. Gott weiß es am besten!

Übersetzung

4. Abschnitt: Über die Erklärung [der Tatsache], daß in den Worten Ġazālīs im Iḥyā' *und Ibn al-Ḥāǧǧs im* Madḫal, *die wir oben schon erwähnt haben, in einigen Punkten* **10b** *ein Widerspruch zur Offenbarung besteht.*

Kommentar

Ein Drittel der Nāzila über das Teetrinken (den gesamten vierten Abschnitt) widmet Muḥammad Yaḥyā den Ausführungen Ġazālīs und Ibn al-Ḥāǧǧs, um ihnen schariatsrechtliche Widersprüche nachzuweisen. Eigentlich gehört ein religionsrechtlicher Exkurs dieser Art nicht in ein Rechtsgutachten (Fatwā), das sich normalerweise nur konkret mit dem zur Debatte stehenden Problem auseinandersetzen sollte.[1] Hier wird deutlich, daß "*nāzila* ein wesentlich umfassenderer und weniger genau definierter Begriff als *fatwā*"[2] ist.[3]

Übersetzung

Ich sage bei Gott, der für das Richtige Erfolg verleiht, an den man sich wendet und [zu dem man immer wieder] zurückkehrt: Wisse, o gerechtdenkender Betrachter [der Materie]: al-Ġazālī schreibt in seinen erwähnten Worten folgendes:

---

1 Vgl. Krawietz, Ḥurma, 30ff., insbes. 34; die Regeln der Gutachtenpraxis (*iftā'*) finden sich in der *adab al-muftī wal-mustaftī*-Literatur.

2 Oßwald, Schichtengesellschaft, 24.

3 Vgl. Oßwald, Schichtengesellschaft, 22-24 über die "Definition und Charakterisierung der Nawāzil" in der maurischen Rechtsliteratur und die begriffliche Abgrenzung zu *ḥukm*, *fatwā* und *aǧwiba*.

> "Aus diesem Grund proklamieren wir, die Sunna außer Acht zu lassen, wann immer sie zu einem Kennzeichen der Ketzer geworden ist - aus Furcht, sie (sc. die Ketzer) nachzuahmen.",

und weiter:

> "Deshalb ist sogar das Tragen des *qabā᾿* in Ländern untersagt, in denen der *qabā᾿* ein Kennzeichen der Ketzer geworden ist."

Ich sagte: In diesen Worten ist ein Widerspruch zur edlen Offenbarung in zwei Punkten:
1. Sein Wort: "Aus diesem Grund", d.h. aufgrund dieser Ursache - der Nachahmung der Ketzer, "proklamieren wir, die Sunna außer Acht zu lassen, wann immer sie zu einem Kennzeichen der Ketzer geworden ist."
Diese Worte sind ein Widerspruch zum Koran, zur Sunna und zum Konsens.
Was den Koran angeht, so lautet sein Wort - Er ist erhaben:

> "Wenn wir einen Vers tilgen oder in Vergessenheit geraten lassen, bringen wir einen besseren oder einen, der ihm gleich ist."

Dieser Vers macht deutlich, daß Abrogation nur durch die Eingebung von Gott - Er ist erhaben - an seinen Propheten - Gott segne ihn und schenke ihm Heil - existiert, indem dieser Vers jenen Vers abrogiert oder dieses Ḥadīṯ ihn abrogiert oder indem diese Sunna jene Sunna abrogiert oder jenen Vers. Dies ist klar, genau wie wir erwähnt haben. Mit einbegriffen ist ebenso: Wenn später ein Vers bzw. ein Ḥadīṯ erscheint, dann widerspricht ihm kein [früherer] Vers bzw. kein [früheres] Ḥadīṯ.
Wenn nun aber - [in der Zeit] nach dem Propheten, Gott segne ihn und schenke ihm Heil - das Handeln der Ketzer gemäß einem Vers oder einer Sunna daherkommt, so abrogiert ihr Handeln jene nicht, d.h. es (sc. das Handeln)

macht es qua Konsens nicht notwendig, sie (sc. die Sunna) außer Acht zu lassen.
Al-Ġazālī hat nun behauptet, daß das Handeln der Ketzer gemäß der Sunna **11a** es notwendig mache, sie außer Acht zu lassen; und das ist definitiv falsch wegen der Notwendigkeit, daß Abrogation ohne Eingebung verboten ist.
Daß sie (sc. die Abrogation) [in der Zeit] nach dem Tode des Propheten - Gott segne ihn und schenke ihm Heil - geschehen würde, steht auch im Widerspruch zu seinem Wort - Er ist erhaben: "Heute habe ich euch eure Religion vervollständigt." Im *Rūḥ al-maʿānī* steht zu diesen Vers folgendes:

> "Nach Ibn ʿAbbās[4] und as-Suddī[5] ist die Bedeutung des Verses: Heute habe ich euch meine Grenzen, meine Vorschriften, was ich erlaube und was ich verbiete, vervollständigt mit meiner Offenbarung, die ich herabsandte, und meiner Erklärung, die ich euch deutlich gemacht habe. Dem [darf man] nichts hinzufügen, und nichts davon [darf man] herabsetzen durch Abrogation nach diesem Tag."

Den erwähnten Worten Ġazālīs haftet auch an, daß Abrogation in der Šarīʿa bis heute fortbestehe, denn er proklamiert, die Sunna außer Acht zu lassen, wenn sie zu einem Kennzeichen für die Ketzer geworden ist - aus Furcht, sie nachzuahmen. Das ist falsch und entbehrt jeder Grundlage.

Kommentar

4 ʿAbdallāh b. ʿAbbās st. 68/687 (Ziriklī, Aʿlām[6], IV, 95).
5 Ismāʿīl b. ʿAbdarraḥmān as-Suddī st. 128/745 (Ziriklī, Aʿlām[6], I, 317).

Zwei verschiedene - auf jeweils einen Koranvers gestützte - Argumente führt Muḥammad Yaḥyā an, um al-Ġazālī Widersprüche nachzuweisen. Beide Argumente zielen darauf ab, daß Abrogation nur bis zum Tode des Propheten möglich war.
Das Wort Gottes in Koran 2,106 "Wenn *wir* einen Vers tilgen ..., bringen *wir* einen besseren ..." impliziert, daß ein späterer Vers einen vorangegangenen nur abrogieren kann, wenn er Gottes Wort selbst, also koranisch, oder zumindest göttlich inspiriert ist, also der Sunna des Propheten Muḥammad entstammt. Natürlich kann auch kein zeitlich früher offenbarter Vers einen später offenbarten abrogieren, der spätere wäre dann nicht herabgesandt worden.[6]
Das zweite Argument stützt sich auf Koran 5, Vers 3, dessen Auslegung Ālūsīs im *Rūḥ al-maʿānī* die repräsentative Lehrmeinung darstellt: Die Institution des *nasḫ* starb mit dem Propheten Muḥammad.[7]
Auch wenn al-Ġazālī nicht mit dem Terminus *nasḫ* operiert, muß nach islamischem Recht die Aussage, die Sunna zu vernachlässigen, wo Ungläubige nachgeahmt werden, kritisch betrachtet werden.

Übersetzung

Was seinen Widerspruch zur Sunna angeht, so kommen in den vielen "starken" Ḥadīṯen [welche] vor, die die Order zum Handeln gemäß der Sunna enthalten sowie an ihr festzuhalten bis zum jüngsten Tag, wie sein Wort - Gott segne ihn und schenke ihm Heil:

> "Euch ist meine Sunna auferlegt und nach mir die Sunna der rechtgeleiteten Nachfolger. Haltet euch verbissen an ihr fest."

6 Vgl. Burton, Sources, 19-21.
7 Vgl. Kamali, Principles, 150f.; EI^2 VII, 1012, s.v. "naskh" (1009-1012); Burton, Sources, 18ff.

Dies Ḥadīṯ und auch sein Wort - Gott segne ihn und schenke ihm Heil:

> "Diese Gemeinde handelt eine Weile nach dem Koran, eine Weile nach der Sunna und eine Weile nach der (subjektiven) Meinung. Wenn sie nach der (subjektiven) Meinung handeln, dann irren sie und führen [andere] in die Irre."

Die Gemeinde ist übereingekommen **11b**, daß die Gültigkeit der Abrogation der eindeutigen Sunna bestimmt ist für das Leben des Propheten - Gott segne ihn und schenke ihm Heil. [In der Zeit] nach seinem Tod bis zum jüngsten Tag hebt keine (subjektive) Meinung sie (sc. die Sunna) auf, auch nicht die Furcht vor dem Abbild der Ketzer.

Die Worte Ġazālīs machen notwendig, daß er (sc. der Täter) nur gemäß ihrer (sc. der Sunna) handelt, solange sie nicht ein Kennzeichen der Ketzer ist. Wenn sie aber zu einem Kennzeichen für sie geworden ist, dann muß er sie außer Acht lassen - aus Furcht, sie nachzuahmen. Das ist definitiv falsch. Richtig dagegen ist, wenn er sagen [würde], daß wenn derjenige, der die Sunna vollzieht, welche zu einem Kennzeichen der Ketzer geworden ist, sie mit der Absicht, sie (sc. die Ketzer) nachzuahmen, vollzieht, ihm dies dann verboten ist seitens der schlechten Absicht. Wenn er sie aber mit der Absicht, sich der Sunna zu fügen, vollzieht, dann wird er belohnt. Gott weiß es am besten!

Kommentar

Die zitierten Ḥadīṯe besagen, daß die Sunna (zusammen mit dem Koran) das unumstößliche Gerüst des islamischen Rechts bildet.

Al-Ġazālī vertritt hier eine sehr strenge Haltung, die Muḥammad Yaḥyā nicht teilt. Immer wurden Positionen dieser Art unter den islamischen Gelehrten kontrovers diskutiert. Die Probleme der Muslime in der Diaspora sind heute aktueller denn je.[8]

Übersetzung

Was den Widerspruch seiner Worte zum Konsens angeht, so besteht er in der Tatsache, daß man allgemein überzeugt ist, daß Abrogation im Rechtsbrauch entweder das Aufheben eines früheren gesetzlichen Urteils durch ein späteres ist oder die Kundgabe des Endes der Dauer eines früheren gesetzlichen Urteils durch einen späteren gesetzlichen Beweis aus Koran oder Sunna. Die erwähnten Worte Ġazālīs stehen im Widerspruch zu diesem Konsens, denn er (sc. al-Ġazālī) sagt [sinngemäß], daß das frühere gesetzliche Urteil aufgehoben werde, wenn die Ketzer nach ihm handeln, denn er gestattet, die Sunna außer Acht zu lassen, wenn sie zu einem Kennzeichen der Ketzer geworden ist. Dies ist Abrogation schlechthin. Niemand wird im Gesetz vertreten, daß das Handeln der Ketzer gemäß ihrer (sc. der Sunna) die eindeutige Sunna aufhebt. **12a** Gott weiß es am besten!

Kommentar

Diese Passage, in der Muḥammad Yaḥyā kurz das Wesen des *nasḫ* herausstellt, bildet die Prämisse für die

[8] Ein Vergleich veranschaulicht dies vielleicht: Warum sollte einem muslimischen Gastarbeiter in Südwestdeutschland für ein Leben nach islamischer Sitte und Moral der jenseitige Lohn plötzlich versagt bleiben, nur weil die schwäbisch-pietistische Großfamilie in seiner Nachbarschaft die gleichen Werte achtet? Kein islamisches Rechtsgutachten könnte heute dergleichen vertreten. Ähnliche Fälle sind im "Handbuch des Gastarbeiters" (*Gurbetçinin El Kitabı*, Ankara 1984) dokumentiert, das X. Jacob auszugsweise übersetzt hat.

vorangegangenen Ausführungen, in denen er al-Ġazālī die erwähnten Unstimmigkeiten nachweist, und gehört daher eigentlich an den Anfang des gesamten Abschnitts. Hier zeigt Muḥammad Yaḥyā nämlich, daß al-Ġazālī im Grunde Abrogation betreibt bzw. daß es sogar Abrogation schlechthin ist, wenn er empfiehlt, diejenige Sunna außer Acht zu lassen, welche der Handlungsweise der Ungläubigen gleicht.

Übersetzung

Der 2. Aspekt ist das Wort Ġazālīs: "Deshalb ist sogar das Tragen des *qabā'* in Ländern untersagt, in denen der *qabā'* ein Kennzeichen der Ketzer geworden ist." Diese Worte stehen im Widerspruch zur wahren Sunna. Schon al-Buḫārī überliefert im *Kitāb aṣ-Ṣalāt*:

> "Nach Abū Huraira, der sagte: Ein Mann ging [einmal] zum Propheten - Gott segne ihn und schenke ihm Heil - und fragte ihn nach dem Gebet in einem einzigen Kleidungsstück. Da antwortete er: 'Hat denn etwa jeder von euch zwei Kleidungsstücke?' Dann fragte ein Mann ʿUmar, der sagte: 'Wenn Gott großzügig ist, dann seid auch ihr es. Ein Mann möge seine Kleidungsstücke an sich zusammenfügen. Ein Mann möge beten in *izār*[9] und *ridā'*[10] [oder] in *izār* und *qamīṣ*[11] [oder] in *izār* und *qabā'* [oder] in *sarāwīl*[12] und *ridā'* [oder] in *sarāwīl* und *qamīṣ* [oder] in *sarāwīl* und *qabā'* [oder] in *tubbān*[13] und *qabā'* [oder] in *tubbān* und *qamīṣ*.' Er (sc.

9 S. Lane, Dictionary, s.v.: "*[a waist-wrapper;] a wrapper for covering... the lower part of the body*".
10 S. Ibid., s.v.: "*A certain garment; ... a kind of* ملحفة *[or outer wrapping garment]*".
11 S. Ibid., s.v.: "*[A shirt; a shift;]*".
12 S. Ibid., s.v.: "*[Drawers, trousers, or breeches; originally applied to such as are worn under other clothing;]*".
13 S. Ibid., s.v.: "*Small* سَرَاوِيل *[or breeches]... without legs*".

> Abū Huraira) sagte: Ich zählte [es] ihm [noch einmal] auf. Da sagte er: '[Oder] in *tubbān* und *ridā'*.'"

Al-Buḫārī überliefert es (sc. das Ḥadīṯ) auf einen Prophetengefährten zurückgehend. Ibn Ḥibbān aber überliefert es nach Ismāʿīl b. ʿUlayya nach Ayyūb auf den Propheten selbst zurückgehend und fügt so das auf einen Prophetengefährten zurückgehende Ḥadīṯ in das auf den Propheten selbst zurückgehende ein, wobei er ʿUmar nicht erwähnt.[14] Das erwähnt er (sc. Ibn Ḥağar) auch im *Fatḥ*.[15] Ferner schreibt er:

> Al-Buḫārī zitiert das Ḥadīṯ "in der Form eines *ḫabar* und meint damit einen *amr*.[16] Ibn Baṭṭāl[17] sagt: 'Er soll zusammenfügen, und er soll beten.' Und Ibn al-Munaiyir[18] sagt: 'Richtig ist, daß es Worte in der Bedeutung einer Bedingung sind, wie wenn er sagte: Wenn ein Mann an sich seine Kleidungsstücke zusammen-

---

14 Vgl. Ibn Ḥibbān, *Ṣaḥīḥ*, IV, 624f. mit den zahlreichen Anmerkungen und Verweisen des Herausgebers. Zu den Termini *mauqūf* und *marfūʿ* in der Ḥadīṯkritik vgl. EI² III, 25, s.v. "ḥadīth" (S. 23-28).

15 Vgl. Ibn Ḥağar, *Fatḥ*, III, 26.

16 Ibn Ḥağar bezieht sich hier auf die Passage "*ğamaʿa rağulun ʿalaihi ṯiyābahū...*", seine Aussage ist klar: *ğamaʿa* ist als Wunschperfekt zu verstehen (vgl. Reckendorf, Syntax, 11) und hat dadurch einen imperativen Charakter. Formal ist die Aussage aber unklar, wenn nicht falsch: Bei "*ğamaʿa rağulun...*" handelt es sich nach der arabischen Nationalgrammatik eindeutig um einen Verbalsatz (*ğumla fiʿlīya*; vgl. Reckendorf, Syntax, 9f.), "*ğamaʿa*" ist das Prädikat (*fiʿl*) und "*rağulun*" das Subjekt (*fāʿil*). Nur bei einem Nominalsatz (*ğumla ismīya*) kommt ein *ḫabar* (Prädikat des Nominalsatzes; vgl. Reckendorf, Syntax, 1) vor. "*Rağulun ğamaʿa...*" wäre in diesem System ein Nominalsatz (vgl. Reckendorf, Syntax, 366/§182; Wright, Grammar, 251A-B/§113): "*rağulun*" wäre das Subjekt (*mubtada'*) und "*ğamaʿa*" das Prädikat (*ḫabar*).

17 ʿAlī b. Ḫalaf, genannt Ibn Baṭṭāl, aus Cordoba st. 449/1057 (GAS I, 118; GAL S I, 261; Ziriklī, Aʿlām⁶, IV, 285).

18 Aḥmad b. Muḥammad b. Manṣūr al-Iskandarī, genannt Ibn al-Munaiyir, st. 683/1284 (GAS I, 129; GAL I, 416; S I, 738; Ziriklī, Aʿlām⁶, I, 220).

fügt, dann ist es gut. Dann unterteilt er das Zusammenfügen [der Kleider] in [einzelne] Formen nach der Bedeutung der Eigenschaft eines substantivischen Attributs[19].'"

Ich sagte: **12b** Zu den verwendeten substantivischen Attributen gehören seine Worte "in *izār* und *qabā'*", "in *sarāwīl* und *qabā'*" sowie "in *tubbān* und *qabā'*". Diese Ausdrücke sind eindeutig bezüglich [der Tatsache], daß das Tragen des *qabā'* und das Gebet in ihm zur auferlegten Sunna gehört. Es ist nicht möglich, daß er untersagt wird [nur] aufgrund der Existenz seines Tragens, welches zum Kennzeichen der Ketzer geworden sei - wie al-Ġazālī es behauptet. Warum soll [darin] etwas von Abrogation der Sunna sein - ohne etwas, das abrogiert? Gott weiß es am besten!
Al-Buḫārī überliefert noch im *K. al-Libās*:

"Nach al-Miswar b. Maḫrama: Der Gesandte Gottes - Gott segne ihn und schenke ihm Heil - verteilte [einmal] *qabā'*s und gab Maḫrama nichts. Da sagte Maḫrama [zu al-Miswar, seinem Sohn]: 'Geh mit uns zum Gesandten Gottes - Gott segne ihn und schenke ihm Heil.' Ich ging mit ihm, da sagte er: 'Geh hinein und lad ihn zu mir ein.' Da lud ich ihn zu ihm ein. Er kam heraus und hatte einen der *qabā'*s bei sich, da sagte er: 'Den habe ich für dich verwahrt.' Er (sc. der Überlieferer) sagte: Da schaute er ihn an und sagte: 'Maḫrama möge zufrieden sein.'"

Ich sagte: In diesem Ḥadīṯ [steht], daß das Tragen des *qabā'* erlaubt sei und daß er wie alle übrigen Hemden anzusehen sei, wenn er nicht aus Seide ist,[20] sondern

19 *Badal* ("Vertretung") ist grammatikalisch "ein Substantiv, das ein anderes ersetzt" (Reckendorf, Syntax, 65/§43.1.; vgl. Wright, Grammar, 284D-286D/§139, Rem.b.(2).

20 Zu Gebrauch, Verbot und Ḥadīṯen über *ḥarīr* s. EI² III, 209f., s.v. (S. 209-212).

aus Wolle, Leinen oder Baumwolle. Die Gelehrten sind einer Meinung darüber, daß das Tragen erlaubt sei, ihm keine Untersagung innewohnt.
Das Wort Ġazālīs, daß er sein Tragen untersagt in Ländern, in welchen das Tragen des *qabā'* zu einem Kennzeichen der Ketzer geworden ist, widerspricht diesem **13a** Ḥadīṯ, denn er (sc. al-Ġazālī) erklärt, daß der *qabā'* verboten sei - auch wenn er [selbst eigentlich] erlaubt ist - [nur] aufgrund der Tatsache, daß man ihn trägt, [welchselbiges] zu einem Kennzeichen der Ketzer geworden sei.
Dies ist falsch. Richtig ist, wenn er sagt, daß das Tragen des *qabā'* in den Ländern, in denen sein Tragen ein Kennzeichen der Ketzer geworden ist - wenn sein Träger mit seinem Tragen beabsichtigt, sie nachzuahmen -, [daß] dies ihm dann verboten ist seitens seiner schlechten Absicht, nicht seitens [der Tatsache, daß] er ihn trägt. Wenn er ihn aber trägt mit der Absicht, seine Scham zu verbergen oder sich vor Hitze oder Kälte zu schützen oder ohne eine Absicht, dann liegt keine Sünde auf ihm. Gott weiß es am besten!

Kommentar

In dieser längeren Passage belegt Muḥammad Yaḥyā, daß der *qabā'* in verschiedenen Ḥadīṯen vorkommt, daß man im *qabā'* beten soll bzw. kann und daß der Prophet selbst sogar einmal *qabā'*s verteilt hat. Die Sunna erlaubt damit den *qabā'* explizit. Da kein abrogierendes Ḥadīṯ zu diesem existiert, rechtfertigt nichts ein Verbot dieses Kleidungsstücks, erst recht nicht die Tatsache, daß Ungläubige es tragen. Natürlich darf der Muslim auch hier nicht die Absicht hegen, mit dem Tragen des *qabā'* Ungläubige nachzuahmen.

Übersetzung

Was die Worte Ibn al-Ḥāǧǧs in seinem *Madḫal* angeht, so liegt ihr Widerspruch zur Offenbarung in drei Aspekten:
1. Sein Wort: Wenn ein Mann eine Frau sieht und er Gefallen an ihr findet, er dann zu seiner Gattin kommt und sich [dann] jene Frau vorstellt, während er mit seiner Gattin Geschlechtsverkehr hat, dann sei dies eine Form von Ehebruch.
Diese seine Worte stehen im Widerspruch zu einem starken Ḥadīṯ, das Muslim im *K. an-Nikāḥ* aus seinem *Ṣaḥīḥ* überliefert:

> "Nach Ǧābir: Der Gesandte Gottes - Gott segne ihn und schenke ihm Heil - hat gesagt: Die Frau nähert sich in der Art und Weise eines Teufels, und sie entfernt sich in der Art und Weise eines Teufels. Wenn einer von euch eine Frau sieht, dann möge er zu seiner Gattin zurückkehren, denn dies bringt wieder zurück, was in seiner Seele ist."

Er überliefert ebenfalls nach Ǧābir, daß der gehört habe:

> "Der Prophet - Gott segne ihn und schenke ihm Heil - hat gesagt: Wenn einem von euch eine Frau gefällt und er sich in sie verliebt, dann möge er sich zu seiner [Ehe]frau begeben und ihr beiwohnen, denn dies bringt wieder zurück, was in seiner Seele ist."

Der (Wort)sinn dieses Ḥadīṯes ist die Loslassung **13b** und die Hinderung, sich sie vorzustellen, denn der Prophet - Gott segne ihn und schenke ihm Heil - ließ von einer Fremden, in die er sich verliebt hatte, ab, indem

er seiner Ehefrau beiwohnte und sagte, daß dies wieder zurückbringe, was in seiner Seele ist.[21]
Ihm werden dafür keine Beschränkungen auferlegt durch den Geschlechtsverkehr mit seiner Frau, denn er stellt sich die Fremde nicht vor, während er mit seiner Frau Geschlechtsverkehr hat, sondern er läßt dadurch [von der Vorstellung] ab.
Der gesetzliche Grundsatz ist, daß es notwendig ist, gemäß dem Ḥadīṯ [des Inhalts, von dieser Vorstellung] abzulassen, zu handeln, beständig [im Zustand] seiner Loslassung verharrend, solange dazu nicht etwas Beschränkendes in Koran oder Sunna zu finden ist.
Die Aussage Ibn al-Ḥāǧǧs, daß es eine Form von Ehebruch sei, sich die Frau, die einem gefallen hatte, beim Geschlechtsverkehr mit der Ehefrau vorzustellen, steht im Widerspruch zum (Wort)sinn dieses Ḥadīṯes, ist also ein klarer Irrtum.
Es besteht kein Zweifel, daß es nicht statthaft ist, sich vom (Wort)sinn - d.h. der Loslassung - des Ḥadīṯes [des Inhalts, von besagter Vorstellung] abzulassen, abzuwenden durch Einschränkung oder Spezifizierung, außer wenn eine Einschränkung oder etwas Spezifizierendes belegt ist durch Koran oder Sunna, aber dem ist nicht so.
Vielleicht kannte Ibn al-Ḥāǧǧ dieses Ḥadīṯ nicht, oder vielleicht meint er mit seinem erwähnten Wort, daß dann, wenn ein Mann entschlossen ist zum Ehebruch mit der Frau, die ihm gefallen hatte, wenn er dazu imstande ist, er ein Sünder ist durch diese schlechte feste Absicht. Aber der Geschlechtsverkehr mit seiner Frau ist trotz dieser schlechten festen Absicht kein Ehebruch, sondern verboten ist ihm vielmehr die erwähnte feste Absicht,

21 Etwas unbefriedigend erscheint hier, den Propheten als aktiv Betroffenen dieses Sachverhalts anzusehen. Die möglicherweise verlorene erste Zeile dieser Seite der Handschrift würde vielleicht Klärung bringen, auch in Bezug auf die teilweise kaum entzifferbaren Wörter der folgenden Zeilen.

[das] aufgrund seines Wortes - Er ist erhaben: "Er belangt euch vielmehr wegen dessen, was euer Herz begehrt.", d.h. wegen dessen, zu was ihr entschlossen seid von den Sünden.
Er schreibt im *Lubāb at-taʾwīl*:

> "D.h.: Er belangt euch vielmehr wegen dessen, zu was ihr entschlossen seid und was ihr beabsichtigt. Der Erwerb des Herzens ist die Verpflichtung und die Absicht."

Einige Gelehrte beziehen auf diese Bedeutung sein Wort - Er ist erhaben: "Ihr mögt, was in euch ist, kundtun oder geheimhalten, Gott rechnet (dereinst) mit euch darüber ab." Er schreibt im *Lubāb* **14a** *at-taʾwīl*:

> "Leute sagen über die Bedeutung des Verses: Ihr mögt, was in euch ist, kundtun - d.h. von dem, zu dem ihr entschlossen seid - oder geheimhalten - d.h. nicht kundtun, wobei ihr aber dazu entschlossen seid - Gott rechnet mit euch darüber ab."

Es dürfte dir klar sein, o gerechtdenkender Betrachter [der Materie], daß das, was Ibn al-Ḥāǧǧ in seinem *Madḫal* schreibt, im Widerspruch zur starken Sunna steht. Gott weiß es am besten!

Kommentar

Auch bei Ibn al-Ḥāǧǧ finden sich Widersprüche zum offenbarten Text. Muḥammad Yaḥyās Argumentation knüpft zunächst an den im *K. al-Madḫal* dargelegten Sachverhalt des Ehebruchs an, der dann gegeben sei, wenn der Geschlechtsakt mit der Ehefrau direkt nach dem Verlieben in eine fremde Frau vollzogen wird.
Die von Muḥammad Yaḥyā vorgebrachten Ḥadīṯe, die er aus Muslims *Ṣaḥīḥ* zitiert, stehen dem nicht nur inhaltlich entgegen. Wie wir schon in Abschnitt 3 gese-

hen haben, besitzt Ibn al-Ḥāǧǧs Ḥadīṯ zudem den Makel, nicht durch einen *isnād* abgesichert zu sein, was seinen rechtlichen Wert im Vergleich zu den Muslim-Ḥadīṯen von vornherein erheblich mindert.
Muslims Ḥadīṯe, die auf den Propheten selbst zurückgehen, besagen eindeutig, daß gerade dieser Geschlechtsakt mit der eigenen Frau - nachdem sich ein Mann in eine Fremde verliebt hat - das Seelenheil des Gläubigen wieder in Ordnung bringt.
Freilich darf er zu keinem Zeitpunkt die Absicht (*ʿazm* oder *nīya*) gehegt haben, den Ehebruch mit der Fremden zu vollziehen. Dies untermauert Muḥammad Yaḥyā hier mit Koran 2,225 und 2,284.

Übersetzung

2. Sein Wort: "Wie unsere Gelehrten - Gott erbarme sich ihrer - [schon] über denjenigen sagten, der einen Krug nimmt, aus dem er Wasser trinkt, und dann die Vorstellung erzeugt, daß das, was er trinkt, Wein sei. Dieses Wasser wird für ihn verboten."
Wahrlich, der Sinn seines Wortes "Wie unsere Gelehrten sagten ..." ist, daß er das Problem desjenigen, der eine Fremde gesehen hat, dann Gefallen an ihr findet und danach seiner Ehefrau beiwohnt und sich dabei die Fremde vorstellt, in Analogie setzt zum Problem desjenigen, der einen Krug nimmt, aus dem er Wasser trinkt, und dann die Vorstellung erzeugt, daß das, was er trinkt, Wein sei. D.h. er setzt das eine in Analogie zum anderen hinsichtlich des Urteils, das da sei: das Verbot jedweder Vorstellung einer verbotenen Tat beim Geschehenlassen einer erlaubten Tat, des Geschlechtsverkehrs mit der Ehefrau und des Trinkens von Wasser. Dies ist ein Analogieschluß mit falscher Berücksichtigung, denn er steht im Widerspruch zum starken Sunnatext, dem Ḥadīṯ Muslims, den wir schon angeführt haben, denn das Ḥadīṯ fordert die Recht-

mäßigkeit des erwähnten Geschlechtsverkehrs. Sein Analogieschluß mit dem Problem des Trinkens aus einem Krug ist falsch, denn er steht dem Text gegenüber, und ein Analogieschluß, der dem Text gegenübersteht, ist nichtig.

Er schreibt im *Marāqī s-suʿūd*:

> "Den Gegensatz zu Text oder Konsens nennt jeder, der kennt, Fehlerhaftigkeit der Berücksichtigung."

Er meint, daß den Widerspruch **14b** des Analogieschlusses zum Text von Koran oder Sunna jeder, der die Uṣūl-Wissenschaft kennt, Fehlerhaftigkeit der Berücksichtigung nennt. Desgleichen [findet sich auch] im *Ǧamʿ al-ǧawāmiʿ* des Ibn as-Subkī[22] und im *Muḫtaṣar* des Ibn al-Ḥāǧib, des Älteren[23]. Gott weiß es am besten!

Kommentar

Aufgrund der Tatsache, daß das Ḥadīṯ, auf das Ibn al-Ḥāǧǧ seine Argumentation stützt, im Widerspruch zu Ḥadīṯen aus Muslims *Ṣaḥīḥ* steht, ist auch sein Analogieschluß (Wassertrinken - sich Wein vorstellen → seiner Ehefrau beiwohnen - sich die Fremde dabei vorstellen) nichtig. Diesen formal korrekt hergeleiteten Analogismus, dessen Analogon aber mit dem Text (*naṣṣ*) aus Koran oder Sunna unvereinbar ist, nennt man "Analogieschluß mit falscher Berücksichtigung" (*qiyās fāsid al-iʿtibār*).

Das erste und einzige Mal im gesamten Gutachten greift Muḥammad Yaḥyā hier auf ein Zitat eines maurischen Gelehrten zurück, um seine Argumente zu unter-

22 Tāǧaddīn ʿAbdalwahhāb b. ʿAlī as-Subkī st. 771/1370 (GAL II, 89f.; S II, 105ff.; Ziriklī, Aʿlām⁶, IV, 184f.).

23 ʿUṯmān b. ʿUmar, genannt Ibn al-Ḥāǧib, st. 646/1249 (GAL I, 303ff.; S I, 531ff.; Ziriklī, Aʿlām⁶, IV, 211.).

streichen. Bezeichnenderweise handelt es sich um Sīdī ʿAbdallāh b. al-Ḥāǧǧ Ibrāhīm al-ʿAlawī aus Tiǧikǧa.[24] Sein Lehrgedicht *Marāqī s-suʿūd* mit dem Kommentar *Našr al-bunūd* vom Autor selbst ist eines der wenigen umfassenden maurischen Werke der Uṣūl al-fiqh-Literatur und das einzige, das gedruckt vorliegt.[25]
Sīdī ʿAbdallāhs Lebensdaten fallen in die Blütezeit der maurischen Literatur. Gestorben wohl 1233/1818 hatte er lange in Fās gelehrt und auch den Orient bereist. Er ist sicher einer der berühmtesten Gelehrten der Westsahara. Zahllose Werke quer durch alle klassischen Sparten, deren Manuskripte in der ganzen westlichen islamischen Welt, ja sogar in Kairo, lagern, werden ihm zugeschrieben.[26] Muḥammad Yaḥyā verfaßte ebenfalls einen Kommentar zum *Našr al-bunūd* namens *Fatḥ al-wadūd*, der seit kurzem ediert vorliegt. Dort kommentiert er den Vers sinngemäß wie in unserem Gutachten.[27]

---

24 (MLG Nr. 201)

25 Ein dreibändiger Steindruck entstand 1327/1909 in Fās (am Rande: *aḍ-Diyāʾ al-lāmiʿ fī šarḥ Ǧamʿ al-ǧawāmiʿ* des Aḥmad b. ʿAbdarraḥmān al-Qairawānī, genannt Ḥalūlū, gest. 898/1494; Maḫlūf, *Šaǧara*, 259 (Nr. 947); Ziriklī, Aʿlām[6], I, 147). Die zweibändige Edition Bairūt 1409/1988 hängt wohl direkt davon ab; am Ende des zweiten Bandes (S. 349) heißt es: "Dies ist das Ende des zweiten Teils des Buches gemäß unserer Unterteilung, nachdem es im Steindruck [noch] drei Teile waren (*wa-hāḏihī hiya nihāyat al-ǧuzʾ aṯ-ṯānī min al-kitāb ḥasaba taqsīminā lahū baʿda an kāna ṯalāṯat aǧzāʾ biṭ-ṭabʿa l-ḥaǧarīya*)."

26 Quellen zu Leben und Werk Sīdī ʿAbdallāhs sind: Aḥmad b. al-Amīn, *Wasīṭ*, 37-40, Burtulī, *Fatḥ aš-šakūr*, 173-175 (Biogr. Nr. 169); Ibn Ḥāmid, *Ḥayāt*, 18, 25, 50, 58, 70, 207; Naḥwī, *Bilād Šinqīṭ*, 490ff., 513, 556f., 617, 628, 636; ferner Ziriklī, Aʿlām[6], IV, 65; GAL S II, 873f.; vgl.a. Oßwald, Handelsstädte, 309, Anm. 2 und Oßwald, Schichtengesellschaft, 423 mit weiteren Quellenangeben. Manuskripte sind in allen bisher erwähnten Handschriftenkatalogen verzeichnet.

27 Vgl. Muḥammad Yaḥyā, *Fatḥ*, 177f.

Übersetzung

3. Sein Wort "Dieses Wasser wird für ihn verboten" ist ebenfalls ein Irrtum (ḫaṭa') wegen seines Widerspruchs zu Koran, Sunna und Konsens.
Wahrlich, es steht schon im Koran ohne einen Vers, daß süßes Wasser erlaubt sei. Wahrlich, Gott - Er ist erhaben - hat es seinen Dienern ohne einen Vers gnädig gewährt. Und auch in der starken Sunna kommt es ohne ein Ḥadīṯ vor, daß es erlaubt sei. Der Konsens der Muslime ist übereingekommen, daß es erlaubt sei. Es ist nicht möglich, daß es verkehrt wird in etwas Verbotenes mit dieser schlechten Absicht.

Kommentar

Koran und Sunna gestatten es, süßes Wasser (*ma' ʿaḏb*) zu trinken, ohne daß es explizit erwähnt wäre, daß es erlaubt sei. Koran 25,53 lautet: "Und Gott ist es, der die beiden großen Wasser hat strömen lassen, - das eine, das süß ist und frisch schmeckt, und das andere, das salzig ist und brennt." Koran 35,12: "Und die beiden großen Wasser sind nicht gleich. Das eine ist süß, schmeckt frisch und ist angenehm zu trinken, das andere ist salzig und brennt."
Aus dem Ḥadiṯ sei hier noch angeführt, daß der Prophet gesagt habe: "Ich begegnete Ibrāhīm ..., der sagte: O Muḥammad, übermittle deiner Gemeinde meinen Gruß und berichte ihnen, daß das Paradies guten Boden und süßes Wasser [besitzt] (... *anna l-ǧanna ṭayyibat at-turba ʿaḏbat al-mā'*)."[28]

28 Tirmiḏī, *Ṣaḥīḥ*, II, 258, Z. 21f.

Übersetzung

Dasjenige, von dem feststeht, daß es verboten ist, ist vielmehr seine - d.h. des Trinkenden - Vorstellung, daß das Wasser, welches er aus dem Krug trinkt, Wein sei, denn diese Vorstellung ist verboten, wenn er damit die Nachahmung der Weintrinker, wenn sie Wein trinken, bezweckt, aufgrund seines Wortes - Segen und Heil über ihn: "Wer Leute nachahmt, ist einer von ihnen." Abū Dāwūd überliefert es (sc. das Ḥadīṯ) in seinen *Sunan* mit einer guten Überliefererkette.

Seine erwähnte Vorstellung ist auch verboten, wenn er bei seinem Wassertrinken fest entschlossen ist, daß er, wenn er Wein vorfindet, ihn trinkt; [das] wegen seines Wortes - Er ist erhaben: "Er belangt euch vielmehr wegen dessen, was euer Herz begehrt."

Was anbetrifft, wenn seiner Vorstellung für Wasser, daß es Wein sei, den er trinkt, keine feste Absicht anhaftet, wenn er beim Trinken Wein vorfindet, sondern nur ein gerade gekommener Gedanke oder die innere Stimme, so wird er nicht dafür belangt; sich deckend mit dem Ḥadīṯ Abū Hurairas, daß der Gesandte Gottes - Gott segne **15a** ihn und schenke ihm Heil - gesagt habe: "Gott übergeht zugunsten meiner Gemeinde, was ihre Seelen eingegeben haben, was sie (sc. die Gemeinde) nicht [explizit] gesagt oder getan hat." Die beiden Šaiḫs überliefern es (sc. das Ḥadīṯ).

Im Ḥadīṯ liegt eine Erklärung, daß der Verpflichtete nicht belangt wird für die innere Stimme, und die ist über dem Gedanken und der Vorstellung und unter dem Interesse, obwohl er auch für das Interesse nicht belangt wird, denn das ist kein Gewinn für das Herz; belangt wird er nur für die Tat des Herzens, und das ist nur die feste Absicht, denn die ist der Gewinn des Herzens.

Er schreibt im *Rūḥ al-maʿānī* zu seinem - Er ist erhaben - Wort "Ihr mögt, was in euch ist kundtun" folgenden Vers:

"Die Stufen der Intention sind fünf: Vorstellung, sagen sie, dann Gedanke, dann die innere Stimme, höre [weiter]:
Es folgt Interesse, dann feste Absicht, ein jedes kann getilgt werden mit Ausnahme des Letzten, denn darin liegt das Angehen [der Tat], es ist[, als wäre sie] schon geschehen."

Wenn die Vorstellung des Wassertrinkenden, daß das Wasser Wein sei wegen seiner Zuneigung zu ihm, [zwar] besteht, er aber entschlossen ist, ihn nicht zu trinken, wenn er ihn vorfindet, dann liegt dadurch auf ihm keine Sünde. Ebenso, wenn er nicht die Nachahmung der Weintrinker beim Trinken bezweckt, denn für die bloße Zuneigung zum Verbotenen wird er nicht belangt. Man stellt sich dem auch nicht entgegen mit seinem Wort - Er ist erhaben:

"Diejenigen, die wünschen, daß etwas Abscheuliches unter den Gläubigen allgemein bekannt wird, haben eine schmerzhafte Strafe zu erwarten, im Diesseits und im Jenseits.",

denn den Wunsch in diesem Vers haben die Gelehrten mit dem [aktiven] Aussenden [des Abscheulichen] interpretiert, d.h. daß diejenigen, die mit der Zunge etwas Abscheuliches verbreiten **15b** unter den Gläubigen, schmerzhafte Strafe zu erwarten haben, im Diesseits durch die *ḥadd*-Strafe[29] für *qaḏf*[30] und im Jenseits durch das Feuer. Bezüglich des religiösen Gesetzes interpretieren sie es dahingehend, daß der Wunsch zur Verbrei-

29 Die "göttlich absolut angedrohte Strafe, die als Gottes-Recht »Ḥaqq-Allah« betrachtet wird." (Baradie, Gottes-Recht, 99); s. allgemein zu *ḥadd/ḥudūd*-Strafen Baradie, Gottes-Recht, 93ff.; s.a. Kreiser/Wielandt (Hrsg.), Lexikon, 266, s.v. "Strafrecht" (S. 265f.).

30 "Falsche Bezichtigung der Unzucht"; s. Baradie, Gottes-Recht, 106f.; s.a. Kreiser/Wielandt (Hrsg.), Lexikon, 266.

tung von etwas Abscheulichem unter den Gläubigen die *ḥadd*-Strafe für *qaḏf* zur Pflicht macht. Aber der Konsens ist übereingekommen, daß er sie nicht zur Pflicht macht, deswegen ist es für die Interpretation des Verses unerläßlich, daß der Konsens [mit ihr] im Einklang steht. Gott weiß es am besten!

Kommentar

Hier schiebt Muḥammad Yaḥyā einen kurzen Exkurs über die Zustände der Seele (*aḥwāl an-nafs* bzw. *al-aḥwāl an-nafsīya/an-nafsānīya*) ein, über die Stufen der Gedanken (*marātib al-ḫawāṭir*).
Sich stützend auf al-Ālūsī wird ein Fünf-Stufen-Modell hinsichtlich einer bevorstehenden Tat aufgestellt:

1. *hāǧis* ("Vorstellung")
2. *ḫāṭir* ("Gedanke")
3. *ḥadīṯ an-nafs* ("innere Stimme")
   - Hierzu zitiert Muḥammad auch ein Ḥadīṯ mit der Wendung "*ḥaddaṯa nafsahū*" als Beleg.
4. *hamm* ("Interesse")
5. *ʿazm* ("feste Absicht")

Im 19. Jahrhundert scheint dieses Modell Allgemeingut gewesen zu sein. Wie al-Ālūsī (st. 1270/1854), der in Bagdad wirkte und Kontakte vor allem nach Anatolien und Istanbul hatte,[31] kannte man auch im Mauretanien dieser Zeit diese Terminologie: Muḥammad (b. Muḥammad) aṣ-Ṣaġīr b. Mbūǧa aus Tīšīt (st. 1275/1858-9)[32], von dem zwei Abhandlungen über die Tiǧānīya-Bruderschaft 1319/1901-2 in Fās erschienen sind,[33] verfaßte ein Werk namens *al-Madad al-bāhir fī t-tamyīz baina*

[31] Vgl. GAL S II, 785ff.; Ziriklī, Aʿlām[6], VII, 176f.
[32] S. Oßwald, Handelsstädte, 375, Anm. 1 (nach MS 421, 5.)
[33] Wahrscheinlich als Steindruck: Sarkīs, *Muʿǧam*, 1149; Naḥwī, *Bilād Šinqīṭ*, 523.

l-ḫawāṭir[34], das sich genau mit dieser Thematik befaßt. Auf S. 6/fol. 3b (Z. 10ff.) findet sich genau oben aufgeführtes Fünf-Stufen-Modell wieder. Zur 4. Stufe *hamm* schreibt Muḥammad aṣ-Ṣaġīr - wie Muḥammad Yaḥyā es im Gutachten ebenfalls ausdrückt -, daß daraus weder Lohn noch Strafe resultiere,[35] erst für die feste Absicht, den Entschluß (*ʿazm; al-ǧazm bihī*) wird man belangt.[36]

Bei al-Ġazālī (st. 505/1111) finden sich schon Ansätze dieser Terminologie. Im *Iḥyāʾ*, im *K. Šarḥ ʿaǧāʾib al-qalb*, teilt er die "Zustände des Herzens" (*al-aḥwāl lil-qalb*) vor einer Tat folgendermaßen ein:[37]

1. *ḫāṭir* ("Gedanke") = *ḥadīṯ an-nafs* ("innere Stimme")
   - Dafür wird man nicht belangt. Die Gedanken (*ḫawāṭir*), denen weder die feste Absicht zu (*al-ʿazm ʿalā*) noch das Interesse an der Tat (*al-hamm bil-fiʿl*) innewohnt, nennt man "innere Stimme" (*ḥadīṯ an-nafs*).
2. *mail* ("Wunsch")
   - Er entsteht aus dem ersten Gedanken (*yatawallad min al-ḫāṭir al-awwal*) und entspricht dem Ausbrechen des Verlangens (*hayaǧān ar-raġba*).
3. *iʿtiqād* ("Glaube")
   - Er entspricht dem Urteil des Herzens (*ḥukm al-qalb*) und geschieht entweder freiwillig (*iḫtiyārī*) - dafür wird man belangt - oder erzwungen (*iḍṭirārī*) - dafür wird man nicht belangt.
4. *hamm* ("Interesse; Absicht")
   - Dafür wird man belangt, denn das geschieht freiwillig (*iḫtiyārī*).

---

34 MS 61.
35 Z. 19: "*fa-lā yatarattab ʿalaihā ṯawāb wa-lā ʿaḏāb*".
36 Z. 19ff.
37 Vgl. Ġazālī, *Iḥyāʾ*, III, 67ff.

Zuletzt bringt Muḥammad Yaḥyā noch den Begriff *maḥabba* ("Wunsch; Zuneigung") ins Spiel: Selbst wenn man dem Wein zugeneigt ist, man aber entschlossen ist, ihn nicht zu trinken, wenn man ihn vorfindet, so wird man für die Zuneigung (*maḥabba*) nicht belangt. Auch Koran 24,19 widerspricht dem nicht, wie Muḥammad Yaḥyā darlegt. Im übrigen ist der Konsens übereingekommen, daß die übliche Interpretation dieses Verses nicht so streng zu sehen sei.

Übersetzung

Gott segne unseren Herrn und Herrscher Muḥammad sowie seine Familie und seine Gefährten und schenke [ihnen] grenzenloses Heil.
Es gab darüber ein Rechtsgutachten ab der Diener seines Herrn Muḥammad Yaḥyā b. Muḥammad al-Muḫtār. Gott - Er ist erhaben - vergebe ihm und seinen Eltern alle Sünden. Amen.
Mit der Ehrerbietung für den auserwählten Propheten Muḥammad - Gott segne ihn und schenke ihm Heil.

Bibliographie

a) Hilfsmittel, Kataloge und Lexika

ʿAbdalʿazīz Bin-ʿAbdallāh: *al-Mausūʿa al-maġribīya lil-aʿlām al-bašarīya wal-ḥaḍārīya* ([frz.:] Encyclopédie maghrébine). 3 Bde. und 1 Mulḥaq (*Maʿlamat aṣ-Ṣaḥrāʾ*), Rabat 1395/1975-1396/1976.

ʿAbdalbāqī, Muḥammad Fuʾād: *al-Muʿǧam al-mufahras li-alfāẓ al-Qurʾān al-karīm*. Kairo 1364/1945.

Aḥmad wuld Muḥammad Yaḥyā (Hrsg.): *Fihrist Maktabāt Šinqīṭ wa-Wādān*. Handschriftlich, unveröffentlicht, Nouakchott 1994 [wird voraussichtlich London 1995 veröffentlicht (Hrsg. U.Rebstock)].

ʿAllūš, Y.S. & ar-Raǧrāǧī, ʿAbdallāh: *Fihris al-maḫṭūṭāt al-ʿarabīya al-maḥfūẓa fī l-Ḫizāna l-ʿāmma bi-Ribāṭ al-Fatḥ (al-Maġrib al-Aqṣā)*. Qism 2 (1921-1953). 2 Bde., Paris 1954-1958.

Brockelmann, C.: Geschichte der arabischen Litteratur. 2 Bde., 2. Aufl., Leiden 1943-1949 mit Suppl., 3 Bde., Leiden 1937-1942.

Dozy, R.P.A.: Dictionnaire détaillé des noms des vêtements chez les Arabes. Amsterdam 1845.

EI^2: The Encyclopaedia of Islam. New Ed., Bd. Iff., Leiden 1960ff.

Fihris al-Ḫizāna at-Taimūrīya (Aḥmad Taimūr Bāšā). 4 Bde., Kairo 1367/1948-1369/1950.

Fihris al-maḫṭūṭāt, [Dār al-kutub al-waṭanīya = Bibliotheque Nationale Tunis]. 6 Bde., Tunis [Bd. IV:] 1978, [Bd. VI:] 1981.

Freytag, G.W.: Lexicon Arabico-Latinum. 4 Bde., [Nachdruck der Ausgabe Halle 1830-1837] Beirut 1975.

GAL: s. Brockelmann.

GAS: s. Sezgin.

Hinz, Walther: Islamische Masse und Gewichte, umgerechnet ins metrische System. Leiden 1955 (= Handbuch der Orientalistik, Erg.Bd. 1, Heft 1).

Ibn Sauda, ʿAbdassalām b. ʿAbdalqādir al-Murrī: *Dalīl mu'arriḫ al-Maġrib al-aqṣā*. 2. Aufl., Tiṭwān 1369/1950.

Kaḥḥāla, ʿUmar Riḍā: *Muʿǧam al-mu'allifīn: Tarāǧim muṣannifī l-kutub al-ʿarabīya*. 15 Bde., Damaskus 1376/1957-1381/1961.

Kreiser, Klaus & Wielandt, Rotraud (Hrsg.): Lexikon der Islamischen Welt. Neuausg., Stuttgart/Berlin/Köln 1992.

Lane, E.W.: An Arabic-English Lexicon. 8 Bde., London 1863-1893.

Maḫṭūṭāt Maktabat Āl Ḥabat bi-Šinqīṭ. 4 Bde., maschinenschriftlich, [Nouakchott] 1991.

[Maschinenschriftlicher Katalog arabischer Handschriften in mauretanischen Bibliotheken (Auswahl)]. Unveröffentlicht (die Seitenzählung ist handschriftlich hinzugefügt).

[MS-Katalog Timbuktu: Centre Ahmad Baba (Auszug)]. Unveröffentlicht, maschinenschriftlich [1991].

Rebstock, Ulrich: Sammlung arabischer Handschriften aus Mauretanien: Kurzbeschreibungen von 2239 Handschrifteneinheiten mit Indices. Wiesbaden 1989.

[Rebstock, Ulrich & Oßwald, Rainer: MS-Angaben in den Akzessionsbüchern zu Rebstock, U.: Sammlung arabischer Handschriften aus Mauretanien]. 5 Bde., [div. Orte], 1978-1985.

Rebstock, Ulrich, Oßwald, Rainer & Aḥmad wuld ʿAbdalqādir: Katalog der arabischen Handschriften in Mauretanien. Beirut 1988 (= Beiruter Texte und Studien, XXX).

[Rebstock, Ulrich, Oßwald, Rainer & Aḥmad wuld ʿAbdalqādir: MS-Beschreibungen der Nrr. 101-300 aus Rebstock, U.: Sammlung arabischer Handschriften aus Mauretanien]. Handschriftlich (dt./arab.), unveröffentlicht.

Reckendorf, H.: Arabische Syntax. 2. Aufl., Heidelberg 1977.

Saad, E.N.: An Account of the Paden Collection of Arabic Materials From Kano, Nigeria. 2 Bde., unveröffentlichte Kopien der Karteikarten (1. Band: nach Nummern sortiert, 2. Band: Alphabetische Liste).

Sarkīs, Yūsuf Ilyās: *Muʿǧam al-maṭbūʿāt al-ʿarabīya wal-muʿarraba*. Kairo 1346/1928.

Sezgin, Fuat: Geschichte des arabischen Schrifttums. Bisher 11 Bde., Leiden 1967ff.

Sīd Aḥmad b. Aḥmad Sālim: *Muʾallafāt mūrītānīya: al-Kutub al-waṭanīya al-maṭbūʿa*. Computerausdruck, unveröffentlicht, [Nouakchott 1993], 3 S.

Steingass, F.: A Comprehensive Persian-English Dictionary. [Nachdruck] Beirut 1975.

Stewart, C.C.: The Haroun ould Cheikh Sidia Library Boutilimit, Mauritania. Urbana 1988.

Stewart, C.C., Sidi Ahmad Ould Ahmad Salim & Ahmad Ould Muhammad Yahya: Catalogue of Arabic Manuscripts at the Institut Mauritanien de Recherche Scientifique. 3 Bde., Urbana/Nouakchott 1989.

as-Sūsī, Muḥammad al-Muḫtār: *al-Maʿsūl*. 20 Bde., Casablanca 1380/1960-1383/1963.

Taine-Cheikh, Catherine: Dictionnaire ḥassānīya français: Dialecte arabe de Mauretanie. Bisher 6 Bde. (bis zum Buchstaben ṣād), Paris 1988ff.

Tentative Repertory of Arabic Manuscript Collection of Boubou Hama at the Institut des Recherches en Sciences Humaines. Maschinenschriftlich (arab.), unveröffentlicht, Niamey 1979.

Wehr, H.: Arabisches Wörterbuch für die Schriftsprache der Gegenwart. 5. Aufl., Wiesbaden 1985.

Wright, W.: A Grammar of the Arabic Language. [Nachdruck der 3. Aufl. Cambridge 1896-1898] Beirut 1981.

Wüstenfeld, Ferdinand: Wüstenfeld-Mahler'sche Vergleichungs-Tabellen zur muslimischen und iranischen Zeitrechnung. U. Mitarb. v. J.Mayr, bearb. v. B.Spuler, Wiesbaden 1961.

Zaġlūl, Muḥammad as-Saʿīd: *Mausūʿat aṭrāf al-ḥadīṯ an-nabawī aš-šarīf*. 11 Bde., Beirut 1989.

az-Ziriklī, Ḫairaddīn: *al-Aʿlām: Qāmūs tarāǧim li-ašhar ar-riǧāl wan-nisāʾ min al-ʿarab wal-mustaʿribīn wal-mustašriqīn*. 8 Bde., 6. Aufl., Beirut 1984.

b) Quellen und Sekundärliteratur

ʿAbdallāh b. Bābakr: *Namūḏaǧ min an-naṯr al-fannī aš-šinqīṭī: Maqāmat ḏāt ad-duḫān wat-tāy, taʾlīf: al-Ustāḏ al-Muḫtār b. Ḥāmid*. In: al-Wasīṭ: Maǧallat al-Maʿhad al-mūrītānī lil-baḥṯ al-ʿilmī ([frz.:] al Wasît: Bulletin de l'Institut Mauritanien de Recherche Scientifique), 4 (1410/1989), S.3-57 d. arab. Teils.

ʿAbdallāh b. al-Ḥāǧǧ Ibrāhīm al-ʿAlawī aš-Šinqīṭī: *Našr al-bunūd ʿalā Marāqī s-suʿūd*. 2 Bde., Beirut 1409/1988.

Abū Dāwūd Sulaimān b. al-Ašʿaṯ as-Siǧistānī: *Ṣaḥīḥ sunan al-muṣṭafā*. Ed. ʿAbdalwāḥid Muḥammad at-Tāzī, 2 Bde., Kairo o.J.

Achundow, Abdul-Chalig: Die pharmakologischen Grundsätze (Liber fundamentorum pharmacologiae) des Abu Mansur Muwaffak bin Ali Harawi, zum ersten Male nach dem Urtext übersetzt und mit Erklärungen versehen. Halle 1893 (= Historische Studien aus dem Pharmakologischen Institute der Kaiserlichen Universität Dorpat, III).

Aḥmad b. al-Amīn aš-Šinqīṭī: *al-Wasīṭ fī tarāǧim udabāʾ Šinqīṭ*. 3. Aufl., Kairo 1380/1961.

Aḥmad wuld Muḥammad Yaḥyā: *al-ʿAllāqāt aṯ-ṯaqāfīya al-maġāribīya min ḫilāl al-maḫṭūṭāt al-mūrītānīya*. Maschinenschriftlich, unveröffentlicht, [Nouakchott] 1991, 18 S.

al-Alūsī (sic), Maḥmūd b. ʿAbdallāh: *Rūḥ al-maʿānī fī tafsīr al-Qurʾān al-ʿaẓīm was-sabʿ al-maṯānī*. Ed. Maḥmūd Šukrī al-Alūsī, 30 Bde., [Nachdruck der Ausgabe Kairo 1353/1934] Beirut o.J. [um 1970].

Baradie, Adel El: Gottes-Recht und Menschen-Recht. Baden-Baden 1983.

Bousquet, Georges-Henri: Ghazâlî, Ih'ya ʿOuloûm ed-Dîn ou Vivication des sciences de la foi: analyse et index. Paris 1955 (= Publications de l'Institut d'Etudes Orientales de la Faculté des Lettres d'Alger, XV).

Bürgel, Christoph: [Rezension zu:] William McKane: Al-Ghazali's Book of Fear and Hope, Leiden 1962. In: Zeitschrift der Deutschen Morgenländischen Gesellschaft, 115 (1965), S.370-373.

al-Buḫārī, Muḥammad b. Ismāʿīl: *K. al-Ǧāmiʿ aṣ-ṣaḥīḥ*. Ed. L.Krehl/Th.W.Juynboll, 4 Bde., Leiden 1862-1908.

Burton, John: The sources of Islamic law: Islamic theories of abrogation. Edinburgh 1990.

al-Burtulī, Muḥammad b. Abī Bakr aṣ-Ṣiddīq al-Walātī: *Fatḥ aš-šakūr fī maʿrifat aʿyān ʿulamāʾ at-Takrūr*. Ed. Muḥammad Ibrāhīm al-Kattānī/Muḥammad Ḥaǧǧī, Beirut 1401/1981.

Creyaufmüller, Wolfgang: Nomadenkultur in der Westsahara: Die materielle Kultur der Mauren, ihre handwerklichen Techniken und ornamentalen Grundstrukturen. Hallein 1983.

Creyaufmüller, Wolfgang: Völker der Sahara - Mauren und Twareg. Stuttgart 1979.

ad-Dārimī, ʿAbdallāh: *Sunan*. Ed. ʿAbdallāh Hāšim Yamānī al-Madanī, 2 Bde., Kairo 1386/1966.

Domenech Lafuente, Angel: Del Islam. Madrid 1950.

van Ess, Josef: Neuere Literatur zu Ġazzālī. In: Oriens, 20 (1967), S.299-308.

Fazul-ul-Karim [auch: Fazlul Karim], Al-Haj. Maulana: Imam Gazzali's Ihya Ulum-id-Din. Lahore 1971.

al-Ġazālī, Abū Ḥāmid Muḥammad: *Iḥyāʾ ʿulūm ad-dīn*. Ed. Abū Ḥafs Sayyid b. Ibrāhīm (ed. zus. mit dem *K. al-Muġnī* des Ḥāfiẓ Zainaddīn al-ʿIrāqī), 5 Bde., Kairo 1312/1992.

Glassen, Erika: Der mittlere Weg: Studien zur Religionspolitik und Religiosität der späteren Abbasiden-Zeit. Wiesbaden 1981 (= Freiburger Islamstudien, VIII).

al-Haiṯamī, ʿAlī b. Abī Bakr: *Maǧmaʿ az-zawāʾid wa-manbaʿ al-fawāʾid*. Ed. Ḥusāmaddīn al-Qudsī, 10 Bde., Kairo 1352/1933-1353/1934.

Hanson, John & Robinson, David: After the Jihad: the reign of Aḥmad Al-Kabīr in the Western Sudan. East Lansing 1991 (= African Historical Sources, II).

al-Ḫaṭīb al-Baġdādī, Aḥmad b. ʿAlī: *al-Faqīh wal-mutafaqqih*. Ed. Ismāʿīl al-Anṣārī, 2 Bde., Damaskus 1395/1975.

al-Ḫāzin, ʿAlī b. Muḥammad aš-Šīḥī: *Lubāb at-taʾwīl fī maʿānī t-tanzīl*. 7 Bde., Kairo [1381/1961].

Ibn ʿAbdalbarr, Yūsuf: *Ǧāmiʿ bayān al-ʿilm wa-faḍlihī wa-mā yanbaġī fī riwāyatihī wa-ḥamlihī*. Ed. ʿAbdarraḥmān Muḥammad ʿUṯmān, 2 Bde., Kairo 1388/1968.

Ibn Ḥaǧar, Aḥmad b. ʿAlī al-ʿAsqalānī: *ad-Durar al-kāmina fī aʿyān al-miʾa aṯ-ṯāmina*. Ed. Muḥammad Sayyid Ǧād al-Ḥaqq, 5 Bde., Kairo [o.J.].

Ibn Ḥaǧar, Aḥmad b. ʿAlī al-ʿAsqalānī: *Fatḥ al-bārī bi-šarḥ Ṣaḥīḥ al-Buḫārī*. Ed. Ṭāhā ʿAbdarraʾūf Saʿd/Muṣṭafā Muḥammad al-Harāwī/as-Sayyid Muḥammad ʿAbdalmuʿṭī, 28 Bde., Kairo [al-Azhar] 1398/1978.

Ibn Ḥaǧar, Aḥmad b. ʿAlī al-ʿAsqalānī: *al-Maṭālib al-ʿāliya bi-zawāʾid al-masānīd aṯ-ṯamāniya*. Ed. Ḥabībarraḥmān al-Aʿẓamī, 4 Bde., Kuwait 1393/1973.

Ibn al-Ḥāǧǧ, Muḥammad b. Muḥammad al-Fāsī al-ʿAbdarī: *al-Madḫal*. Ed. Muḥammad Muḥammad ʿAbdallaṭīf, 4 Bde., Kairo 1348/1929.

Ibn Ḫallikān, Aḥmad b. Muḥammad: *Wafayāt al-aʿyān wa-anbāʾ abnāʾ az-zamān*. Ed. Iḥsān ʿAbbās, 8 Bde., Beirut o.J. [1968-1972].

Ibn Ḥāmid, al-Muḫtār: *Ḥayāt Mūrītāniyā. al-Ǧuzʾ aṯ-ṯānī: al-Ḥayāt aṯ-ṯaqāfīya*. Tunis 1990.

[Ibn Ḥāmid, al-Muḫtār=] ould Hamidoun, Mokhtar: Précis sur la Mauritanie. Saint-Louis 1952 (= Études mauritaniennes, IV).

Ibn Ḥanbal, Aḥmad: *Musnad*. 6 Bde., [Nachdruck der Ausgabe Kairo 1313/1895] Beirut 1389/1969.

Ibn Ḥibbān, Muḥammad b. Aḥmad al-Bustī: *Ṣaḥīḥ* (neugeordnet von Ibn Balbān al-Fārisī unter dem Titel: *al-Iḥsān fī taqrīb Šaḥīḥ Ibn Ḥibbān*). Ed. Šuʿaib al-Arnaʾūṭ/[nur 1. Bd.:] Ḥusain Asad, 18 Bde., Beirut 1404/1984-1412/1991.

Ibn Māǧa, Muḥammad b. Yazīd: *Sunan*. Ed. Muḥammad Fuʾād ʿAbdalbāqī, 2 Bde., Kairo 1372/1952-1373/1953.

Jacob, Xavier (Übers.): Aus dem "Handbuch des Gastarbeiters" [türk.: Gurbetçinin El Kitabı, Ankara 1984]. Frankfurt 1985 (= CIBEDO-Dokumentation, 26, Dez. 1985).

Kamali, Mohammad Hashim: Principles of Islamic Jurisprudence. 2. Aufl. (Rev. Ed.), Cambridge 1991.

Krawietz, Birgit: Die Ḥurma: Schariatrechtlicher Schutz vor Eingriffen in die körperliche Unversehrtheit nach arabischen Fatwas des 20. Jahrhunderts. Berlin 1991.

de Laiglesia, Antonio Carlos: Breve estudio sobre las tribus moras de Mauritania. Madrid 1985 (= Primer informe, X).

Lenz, Oskar: Timbuktu. Reise durch Marokko, die Sahara und den Sudan, ausgeführt im Auftrag der Afrikanischen Gesellschaft in den Jahren 1879 und 1880. 2 Bde., Leipzig 1884.

Leriche, Albert: De l'origine du thé au Maroc et au Sahara. In: Bulletin de l'Institut Français d'Afrique Noire, 15 (1953), S.731-736.

Leriche, Albert: De l'origine du thé en Mauritanie. In: Bulletin de l'Institut Français d'Afrique Noire, 13 (1951), S.868-871.

Macdonald, Duncan B.: Emotional Religion in Islām as affected by Music and Singing. Being a Translation of a Book of the Iḥyā ʿUlūm ad-Dīn of al-Ghazzālī with

Analysis, Annotation, and Appendices. In: The Journal of the Royal Asiatic Society of Great Britain and Ireland, 1901, S.195-252, S.705-748 und 1902, S.1-28.

al-Maḥallī, Ǧalāladdīn & as-Suyūṭī, Ǧalāladdīn: *Tafsīr al-Imāmain al-Ǧalālain*. Beirut o.J.

Maḫlūf, Muḥammad b. Muḥammad: *Šaǧarat an-nūr az-zakīya fī ṭabaqāt al-Mālikīya*. Kairo 1349/1930-1 mit Suppl. (*Tatimma*), Kairo 1350/1931-2.

Marty, Paul: Études sur l'Islam et les tribus du Soudan, Tome III: Les Tribus maures du Sahel et du Hodh. Paris 1921.

Marty, Paul (Übers.): Les Chroniques de Oualata et de Néma (Soudan français). In: Revue des études islamiques, 1 (1927), S.355-426 u. S.531-575.

Marty, Paul: Les Tribus de la haute Mauritanie. In: Bulletin du Comité de l'Afrique française - Renseignements coloniaux, 1915, S.73-?, S.118-126 und S.136-145.

al-Marwān b. al-Muḫtār b. (A)Ḥmād: *Tarǧamat šaiḫinā wa-wasīlatinā bi-šarīʿat Nabīyinā ilā rabbinā Muḥammad Yaḥyā*. MS 1189, S.1-4.

Marwān b. Sīd Muḥammad b. Muḥammad al-Muḫtār [b. Muḥammad Yaḥyā al-Walātī]: [*Aḥdāṯ tārīḫīya*]. MS 1745, verf. 25. Ḏū l-Qaʿda 1401/24. Nov. 1981 [so im MS; der 25. Ḏū l-Qaʿda 1401 war aber der 24. Sept. 1981], S.1-34 (S.31 leer).

Marwān b. Sīd Muḥammad b. Muḥammad al-Muḫtār [b. Muḥammad Yaḥyā al-Walātī]: *Muʾallafāt wālidinā Muḥammad Yaḥyā b. Muḥammad al-Muḫtār al-Walāti*. MS 1745, verf. 18. Ǧumādā II 1401/23. Apr. 1981, S.37-41.

Marwān b. Sīd Muḥammad b. Muḥammad al-Muḫtār [b. Muḥammad Yaḥyā al-Walātī]: *Tārīḫ madīnat Walāta*. MS 1744, verf. 4. Šawwāl 1396/28. Sept. 1976, 24 S. auf dem Film (dabei die Seiten 17[=18] und 20[=21] doppelt).

Masud, Muhammad Khalid: Islamic Legal Philosophy: A Study of Abū Isḥāq al-Shāṭibī's Life and Thought. Islamabad 1977.

Monod, Théodore: A propos de l'origine de la théière maure. In: Notes Africaines, 97 (1963), S.26-27.

Monod, Théodore: Sur la forme de la théière maure traditionelle. In: Notes Africaines, 67 (1955), S.71-72.

Muḥammad ʿAbdallāh b. Muḥammad al-Muḫtār b. Muḥammad Yaḥyā: *Yutarǧim lil-wālidain al-maḏkūrain*. MS 1189, S.5-14.

Muḥammad aṣ-Ṣagīr b. (A)Nbūǧa at-Tīšītī: *al-Madad al-bāhir fī t-tamyīz baina l-ḫawāṭir*. MS 61, 19 S.

Muḥammad Yaḥyā b. Muḥammad al-Muḫtār al-Walātī: *Fatḥ al-wadūd ʿalā Marāqī s-suʿūd*. Ed. Bābā Muḥammad ʿAbdallāh Muḥammad Yaḥyā al-Walātī, Riyad 1412/1992.

Muḥammad Yaḥyā b. Muḥammad al-Muḫtār al-Walātī: [*Maǧmūʿa min an-nawāzil wal-fatāwā*]. MS 1180, verf. u.a. 1295/1878, 1320/1902-3, 448 S.

Muḥammad Yaḥyā b. Muḥammad al-Muḫtār al-Walātī: *ar-Riḥla al-ḥiǧāzīya*. Ed. Muḥammad Ḥaǧǧī, Beirut 1990.

Muslim b. al-Ḥaǧǧāǧ: *Ṣaḥīḥ*. 8 Bde., Kairo o.J.

al-Muttaqī, ʿAlī b. ʿAbdalmalik al-Hindī: *Kanz al-ʿummāl fī sunan al-aqwāl wal-afʿāl*. 22 Bde., 2. Aufl., Hyderabad 1364/1945-1395/1975.

an-Naḥwī, al-Ḫalīl: *Bilād Šinqīṭ: al-Manāra ... war-ribāṭ*. Tunis 1987.

an-Nasāʾī, Aḥmad: *Sunan*. 2 Bde., Kairo 1312/1894.

Nicolas, François: A propos de la date d'introduction du thé en Mauritanie. In: Bulletin de l'Institut Français d'Afrique Noire, 14 (1952), S.684-685.

Norris, Harry Thirlwall: The Pilgrimage of Ahmad, Son of the Little Bird of Paradise: An account of a 19th century Pilgrimage from Mauritania to Mecca. Warminster 1977.

Oßwald, Rainer: Die Handelsstädte der Westsahara: Die Entwicklung der arabisch-maurischen Kultur von Šinqīṭ, Wādān, Tīšīt und Walāta. Berlin 1986 (= Marburger Studien zur Afrika- und Asienkunde, Ser. A, XXXIX).

Oßwald, Rainer: Schichtengesellschaft und islamisches Recht: Die Zawāyā und Krieger der Westsahara im Spiegel von Rechtsgutachten des 16.-19. Jahrhunderts. Wiesbaden 1993.

Ould Bah, Mohamed El Mokhtar ([arab.:] Wuld Abbāh, Muḥammad al-Muḫtār): La littérature juridique et l'évolution du Malikisme en Mauritanie ([arab.:] *Dirāsāt fī tārīḫ at-tašrīʿ al-islāmī fī Mūrītāniyā*). Tunis 1981.

[Ould Bah, Mohamed El Mokhtar=] Wuld Abbāh, Muḥammad al-Muḫtār: *aš-Šiʿr waš-šuʿarāʾ fī Mūrītāniyā*. Tūnis 1407/1987.

Paret, Rudi (Übers.): Der Koran. 5. Aufl., Stuttgart/Berlin/Köln 1989.

Pierret, Roger: Étude du dialecte maure des régions sahariennes et sahélienne de l'Afrique Occidentale Française. Paris 1948.

al-Qaradawi, Jusuf: Erlaubtes und Verbotenes im Islam (Al-halal wa-l-haram fi-l-islam). Übers. Ahmad von Denffer, München 1989.

ar-Rāzī, Muḥammad b. Zakarīyā: *Manāfiʿ al-aġḏiya wa-dafʿ maḍārrihā*. Beirut 1402/1982.

Sābūr b. Sahl: Dispensatorium Parvum (al-Aqrābādhīn al-ṣaghīr). Ed. Oliver Krahl, Leiden/Köln/New York 1994.

aš-Šāṭibī, Abū Isḥāq Ibrāhīm b. Mūsā: *al-Muwāfaqāt fī uṣūl aš-šarīʿa*. Ed. ʿAbdallāh Darrāz, 4 Bde., Beirut o.J.

Schmucker, Werner: Die pflanzliche und mineralische Materia Medica im Firdaus al-Ḥikma des Ṭabarī. Bonn 1969 (= Bonner Orientalistische Studien, N.S., XVIII).

Sīd Aḥmad b. Aḥmad Sālim: *al-ʿAllāqāt aṯ-ṯaqāfīya al-maġāribīya Mūrītāniyā namūḏaġan*. Computerausdruck, unveröffentlicht, Nouakchott [1992], 12 S.

Sīd Aḥmad b. Aḥmad Sālim: *at-Taṣḥīḥāt* [handschriftliche Korrekturen zu den Nrr. 1-1562 der MLG]. Unveröffentlicht, Nouakchott 1994, 37 S.

at-Tirmiḏī, Muḥammad b. ʿĪsā: *Ṣaḥīḥ*. 2 Bde., Kairo 1292/1875.

Ukers, William H.: All About Tea. 2 Bde., New York 1935.

OMAR (Oriental Manuscript Resource, Orientalisches Seminar der Universität Freiburg), MF Mau 1171, fol. 1a

بوابة الاجماع والله اعلم وصلى الله على سيدنا
ومولانا محمد وعلى اله وصحبه وسلم تسليما

المختار محمد صلى الله عليه وسلم

OMAR, MF Mau 1171, fol. 15b

... وسلم قال إن الله تجاوز ...

نفسها ما لم تعمل به أو تتكلم أخرجه الشيخان
في الحديث ثم صرح بأن المكلف لا يؤاخذ بحديث
النفس وهو فوق الخاطر والهاجس ودون الهم مع
أن الهم لا يؤاخذ به أيضا لأنه ليس كسبا للقلب
وإنما المؤاخذ به من عمل القلب هو العزم فقط لأنه
هو كسب القلب قال في روح المعاني عند قوله تعالى
وإن تبدوا ما في أنفسكم الآية ما نصه: مراتب
القصد خمس هاجس ذكروا: فخاطر فحديث النفس
فاستمعا: يليه هم فعزم كلها رفعت: سوى الأخير
ففيه الأخذ قد وقعا. اهـ وإن كان نحو مريض شارب
الماء يبين عينيه أن الماء خمر لأجل محبته فيه ولكنه
عازم على أنه لا يشربه إذا وجده فإنه لا إثم عليه
عند الله أيضا إذا لم يقصد التشبه بأهل الخمر
لأن مجرد محبته الخمر لا يؤاخذ به ولا يعترض على
هذا بقوله تعالى إن الذين يحبون أن تشيع
الفاحشة في الذين آمنوا لهم عذاب أليم في الدنيا
والآخرة لأن المحبة في هذه الآية قد أولها
العلماء بالتشييع أي أن الذين يشيعون الفاحشة

OMAR, MF Mau 1171, fol. 15a

Zeitfracht Medien GmbH
Ferdinand-Jühlke-Straße 7
99095 Erfurt, Deutschland
produktsicherheit@kolibri360.de